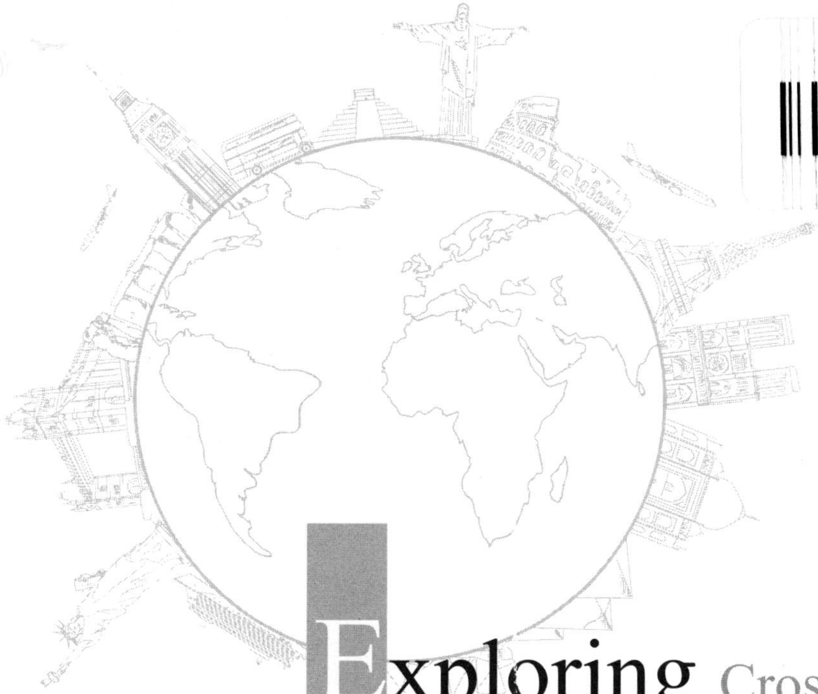

Exploring Cross-cultural Conflict Management via Expatriate's Adaptability
A Meta-Analytic Modelling Approach

基于外派适应性的跨文化冲突模型研究及应用

张颖 著

经济管理出版社
ECONOMY & MANAGEMENT PUBLISHING HOUSE

图书在版编目（CIP）数据

基于外派适应性的跨文化冲突模型研究及应用/张颖著 .—北京：经济管理出版社，2018.6

ISBN 978-7-5096-5778-2

Ⅰ.①基… Ⅱ.①张… Ⅲ.①文化交流—研究 Ⅳ.①G115

中国版本图书馆 CIP 数据核字（2018）第 094348 号

组稿编辑：陆雅丽
责任编辑：陆雅丽
责任印制：黄章平
责任校对：张晓燕

出版发行：经济管理出版社
　　　　（北京市海淀区北蜂窝 8 号中雅大厦 A 座 11 层　100038）
网　　址：www.E-mp.com.cn
电　　话：(010) 51915602
印　　刷：北京玺诚印务有限公司
经　　销：新华书店
开　　本：720mm×1000mm/16
印　　张：13
字　　数：185 千字
版　　次：2019 年 1 月第 1 版　2019 年 1 月第 1 次印刷
书　　号：ISBN 978-7-5096-5778-2
定　　价：68.00 元

·版权所有　翻印必究·

凡购本社图书，如有印装错误，由本社读者服务部负责调换。
联系地址：北京阜外月坛北小街 2 号
电话：(010) 68022974　邮编：100836

前　言

全球化加速了人力资本在国家之间的流动，中国企业国际化进程使得外派任务增幅迅猛，海外作业中跨文化冲突导致的境外企业投资风险骤然增加。近年来发达国家民粹主义抬头，反全球化思潮不断涌现，一些国家转向贸易保护主义，这给中资企业国际化进程和"一带一路"建设带来巨大挑战。在这一背景下，中资企业需争取主动迎接"一带一路"沿线国家可能出现的变化，提升合作效率和外派效用，降低外派风险，以减轻欧美国家市场收缩给中国带来的贸易压力。当前，表现为不同程度的个体文化智力和不同外派文化流向带来的外派冲突与适应性问题，越来越对企业国际化乃至全球化进程产生重要的影响。可见，结合目前国内外外派趋势和特点，深入研究中资企业面向"一带一路"沿线国家外派的跨文化冲突，及其外派适应过程的内在规律，不仅具有深远的理论价值，还具有重大的实用价值。正是基于上述研究背景，本书从文化智力视角切入，充分考虑文化距离不对称性因素，针对"一带一路"沿线国家典型中资企业对外投资，特别是频发的跨文化冲突风险背景下，对外派适应和冲突化解进行理论和现实考察，建立科学的文化距离测度指标，并据以对不同文化流向下不同外派个体间存在的外派适应性现象进行有效度量，构建外派管理综合模型，提出企业对外投资外派管理的对策方案和跨文化冲突的分层应对策略，以期能够帮助我国企业有效预防对外投资风险，防范跨文化冲突事件的产生，提高国际人力资源管理绩效。

本书针对主要概念、实证对象、理论模型和研究方法进行了详细分析和阐述。在主要概念上，分别对外派适应性、跨文化冲突、文化智力和文化距离不对称性进行了界定和区分。在实证对象上，选择大型中资企业面向"一带一路"沿线国家外派为实例，分析外派国际作业受跨文化差异冲击情况下，相关外派主体（包括个体和群体）与东道国当地客户或合作伙伴互动时爆发的典型跨文化冲突事件，并对外派主体适应性现象及规律进行全面概括。在理论模型和研究方法上，对后续建模和实证要涉及的结构方程模型和定性比较分析求解算法分别进行了概述。

在文化测度的理论问题上，笔者基于文化智力与外派适应性相互关系的理论推导进行主变量动态关系模型构建，提出了文化距离不对称性的概念及其具体量度与应用，并结合文化距离不对称性的内涵与特征，构建了国际作业的文化流向动态建模思想，设计了不同外派岗位个体适应性的预判方法，这也是定性比较分析方法在本研究领域的首次尝试。本书同时针对多主体进行系统分类对比描述，就外派管理层与非管理层不同外派主体文化智力差异水平进行外派适应性现状的基础性探索。现有外派研究在考察宏观环境变量时多立足于静态对称性文化距离的统一建模与实证，尚未考虑动态文化流向差异导致的文化距离不对称性因素。相信根据文化流向的变化规律与组织外派岗位差异的交互调节作用，用动态关系模型加以描述，立体化视角展现宏观、中观和微观层面动态变量关系的引入恰好能有效概述和拓展此类研究背景。上述相关研究成果分别录用和发表在 Cross-cultural Management：An International Journal、Human Resource Development Review 期刊上。

考虑到各类企业、政府需要找到化解跨文化冲突的方法路径问题，以及跨文化冲突发生的非连续性、突然性、差异性和强破坏性，本书以外派个体文化智力为切入点，立足前向研究视角，提出基于外派适应性和基于文化距离不对称性的多情景设置的跨文化冲突预判方法，并实证检验与修正研究所揭示的机理、构建的模型、设计的方案与方法，分别运用基于外派适应性的跨文化冲突预判模型，以及基于国际作业文化流向和组织外派岗位交互调节效应的文化距离测度方法，进行以中资企业外派为对象的实证，通过实证分析外派适应与冲突，进而提出企业外派跨文化冲突应对策略。上述相关研究

成果录用和发表在 *International Journal of Conflict Management*、*Asia Pacific Journal of Management* 期刊上。

此外，本书针对当前中国企业加快"走出去"步伐的背景下，特别是企业融入"一带一路"的现状下外派个体差异的深入研究，对外派人员的甄选、培训、激励、绩效、劳动关系、外派失败风险防范等国际人力资源管理实践指导方面的尝试有助于拓展中国企业"走出去"的人员管理的实践范围。中资企业国际化进程使得外派任务增幅迅猛，海外作业中跨文化冲突已成为外派任务中的一种常见现象，并且对全球外派，特别是对正处于高速发展并逐步开放的中资企业将产生重大影响。故本书针对企业外派跨文化冲突问题进行的动态关系建模与实证研究符合习总书记对外直接投资的发展要求，对中资企业"走出去"战略和"一带一路"建设不仅具有理论价值，还具有显著的实践意义。通过跨境组织外派适应动态实证研究，对组织外扩的可持续健康发展、改善不同文化间的和谐关系具有现实意义，更对科学地指导人员派遣策略提供了思路。

总之，本书从理论建模与实际运用的角度，研究了大型中资企业对"一带一路"沿线国家外派适应性与跨文化冲突预判和应对的问题。本书揭示，文化测距需考虑文化流动方向所体现的动态不对称性因素的影响，方能系统描述外派适应与冲突化解的方法和路径。同时，外派适应不能单一地从组织绩效角度来衡量，外派成败的关键不仅取决于外派人员的业务能力和东道国文化的异质性，更取决于外派的文化层次和文化流向、多个利益相关群体、外派岗位差异和外派个体文化智力高低，故立足文化智力和文化距离不对称性的外派模型与实证的跨维度外派适应全景综合评价更准确、更科学。相信上述有关模型与实证的研究能为文化距离测度和跨国组织管理理论提供更匹配和更科学的模型与方法，并且能为外派冲突管理和国际人力资源管理理论和方法的进一步完善提供依据。

在本书编写过程中，参考了国内外相关文献资料，书后对应列出了主要参考文献。本书的出版得到了云南财经大学和经济管理出版社的大力支持，在此表示衷心的感谢。同时，也衷心感谢上海国际商会、云南省商务厅、云南省建设投资控股集团有限公司国际工程部、中国水利水电第十四工程局海外事业部、云南省驻马来西亚商务代表处、中国云南国际经济技术合作公司云南省驻菲律宾商务代表处和相关操作人员对本书提供的大力协助。尽管作者做了不少努力，想奉献给读者一部较为满意的外派管理著作，但由于水平有限，书中难免存在疏漏和错误之处，恳请读者多提宝贵意见。此外，本书的部分研究还得到了中国国家自然科学基金（项目编号：71762033）、云南省哲学社会科学规划项目（项目编号：YB2015086）和澳大利亚查尔斯特大学国际合作研究基金的联合资助，在此一并表示感谢。

  最后，谨以此书献给那些爱我以及我爱着的人们，献给学路跋涉的同仁和无意间看到此书的人，致敬艰辛而美好的人生！

目 录

第1章 绪论 ……………………………………………………… 1

    1.1 问题的提出 ………………………………………………… 1

    1.2 研究意义 …………………………………………………… 4

    1.3 本书的理论创新 …………………………………………… 7

    1.4 本书的主要研究方法 ……………………………………… 8

    1.5 国内外企业外派现状分析 ………………………………… 10

    1.6 本书的基本思路与分析框架 ……………………………… 18

第2章 理论基础与主变量分析 ……………………………… 23

    2.1 文化距离不对称性 ………………………………………… 23

    2.2 外派适应性的界定 ………………………………………… 26

    2.3 文化智力的构念 …………………………………………… 29

    2.4 跨文化冲突管理 …………………………………………… 34

    2.5 文化智力、外派适应性与跨文化冲突三者关系评析 …… 41

    2.6 总结评述 …………………………………………………… 43

第3章 研究假设与模型构建 ………………………………… 47

    3.1 基于个体文化智力的外派适应性研究 …………………… 48

    3.2 文化距离与外派岗位的交互调节效应 …………………… 53

- 3.3 跨文化冲突的中介效应 …………………………………… 56
- 3.4 外派适应性与跨文化冲突类型预判 ……………………… 59
- 3.5 外派适应性与冲突管理方式 ……………………………… 61
- 3.6 模型构建 …………………………………………………… 63

第 4 章 中资企业对"一带一路"沿线国家外派的实证 ………… 69

- 4.1 典型调查选点 ……………………………………………… 70
- 4.2 数据收集处理 ……………………………………………… 72
- 4.3 测量工具的选择 …………………………………………… 73
- 4.4 样本适应性及样本特性 …………………………………… 82
- 4.5 信度和效度问题 …………………………………………… 83
- 4.6 数据分析计划 ……………………………………………… 85

第 5 章 数据统计与结果分析 ……………………………………… 95

- 5.1 初始分析及描述性统计分析 ……………………………… 96
- 5.2 验证性因子分析（CFA） ………………………………… 99
- 5.3 结构方程模型分析 ………………………………………… 103
- 5.4 基于外派适应性的跨文化冲突预判 ……………………… 109
- 5.5 定性比较分析 ……………………………………………… 116
- 5.6 小结 ………………………………………………………… 128

第 6 章 结论与建议 ………………………………………………… 131

- 6.1 宏观分析结论 ……………………………………………… 131
- 6.2 微观分析结论 ……………………………………………… 135
- 6.3 对策建议 …………………………………………………… 138
- 6.4 结语 ………………………………………………………… 148

附　录 ··· 151
　　附录 A　调查问卷 ·· 151
　　附录 B　本书缩写 ·· 178

参考文献 ··· 181

第1章 绪论

1.1 问题的提出

"人"是企业生产率的核心要素,是一切管理的本源。企业国际化的核心要素是包括管理层和非管理层在内的"人"的流动(IMP),即人员外派。外派适应性(expatriate adjustment)既决定着人员外派成功与否(Caligiuri & Lundby,2015),又决定着企业国际化的成败。麦肯锡2017年统计数据显示,过去20年里全球大型企业外派案例中真正取得预期效果的比例不到50%,而中国67%的海外作业不成功。据美世(Mercer,2015)调查统计,全球跨国企业外派失败的离职成本平均每人高达200万美元。由于外派人员难以适应东道国文化而提早归国的比例高达16%~40%(Harzing,2009);而经历外派不适应(maladjustment)却没有提早归国的外派人员所导致的间接损失甚至更大(Andreason,2003),包括国际作业(IA)中跨文化冲突的爆发、跨国企业海外市场占有的丧失、与东道国政府部门及合作伙伴之间的关系紧张,以及海外受挫经历对个人和家庭带来的社会和心理影响等。

而当前,发达国家民粹主义抬头,反全球化思潮不断涌现,一些国家转向贸易保护主义,这为中资企业国际化进程和"一带一路"建设带来巨大挑战。在这一背景下,中资企业需争取主动迎接"一带一路"沿线国家可能出现的变化，提升合作机会和外派效用，以减轻欧美国家市场收缩给中国带来的贸易压力。近年来，中资企业国际化进程使得外派任务增幅迅猛，海外作业中跨文化冲突导致的境外企业投资风险骤然增加。据《2016年度中国对外直接投资（FDI）统计公报》统计，截至2015年底，中国1.85万家境内投资者设立对外直接投资企业近3万家，分布在全球186个国家（地区）；2016年1~11月，中国对"一带一路"沿线国家的直接投资流量增加到136.6亿美元，与沿线国家新签对外承包工程合同额1004亿美元，同比增长40.1%。1~11月，沿线国家对华投资新设立企业2472家，同比增长27.3%，实际利用外资63亿美元。中资企业人员外派主要有三个类别，分别为工程项下外派、劳务合作外派及其他项目人员的外派，总数从2011年的45.2万人到2015年11月的53.6万人，增长率达14.7%。对外投资增长和外派人员增加表明中国主动融入国际化的步伐越来越快，力度越来越大。以本书数据收集所选取的云南省中资企业外派为例，由国家发改委主管的中国投资协会海外投资联合会（以下简称海联会）2014年在昆明举办海外投资新年论坛交流会，讨论中国未来10万亿美元的全球采购机会，本土企业如何利用国家政策发展为跨国企业。海联会预测云南企业人力、产品、资本大规模"走出去"将成为不可阻挡的趋势。自中国—东盟自由贸易区启动以来，在"桥头堡"和"一带一路"倡议背景下，截至2015年4月，云南省共有484家企业在境外投资，双边在相互投资、承包工程、劳务合作等领域的互利合作卓有成效。2016年1~11月，云南省新批境外投资企业86家，对外实际投资15.47亿美元，同比增长23%。2005年至2016年11月底，云南省境外投资企业（机构）已达686家，对外实际投资累计达73.3亿美元。2016年1~11月，云南省累计派出外派劳务人员8990人，比2015年同期减少8%，外派劳务基地累计派出3391人。截至2017年第一季度，云南省累计外派各类劳务人员102678人，期末在外人数14156人。由于投资快速增加、规模不断扩大、人员流动频繁，境外投资中人员的外派适应问题成为企业"走出去"战略成败的关键。

然而,《中国企业国际化报告2014年度蓝皮书》和商务部2017年统计资料均显示,近年来因管理模式差异、薪酬政策差异、社会环境差异、竞标方式差异、劳资关系差异、工作条件差异、宗教派别差异、意识形态差异出现的罢工、破坏生产、毁约等各类跨文化冲突事件大幅上升。目前中资企业国际化仍处于初期阶段,外派适应的动态变化规律、外派人员培训协调机制等方面是否存在问题,外派个体差异、岗位种类、东道国文化距离是否对外派适应成败有显著预测,有必要对上述因素进行深入研究。2005~2014年发生的120起"走出去"失败案例中,超过50%是"人为"因素导致的失败,《中国境外投资企业2014年度会计报表》显示境外企业平均亏损数量占22.8%,而中央企业2000家境外企业亏损占25.6%,如果扣除持平项目,真正实现盈利的企业比重不到总量的30%。研究表明,中国企业境外投资风险与企业外派人员适应性密切相关,外派适应性成为引发企业对外投资中跨文化冲突的主要风险,亟待重视和研究(赵曙明,2007;王玉梅,2014)。

追踪当前外派研究的最新发展趋势,Earley和Ang(2003)在哈佛商业评论中提出的文化智力(cultural intelligence)是十余年来管理学领域的一个新兴概念。在此之前,McCrae和Costa(1987)开发的"大五"(big five personality)人格要素作为个体差异,被广泛应用到跨文化适应和冲突管理的研究中。虽然人格特征是较为稳定的个体特征,但冲突管理和外派适应是复杂的心理过程和社会化过程,具有动态变化的特征。用稳定的人格特征来预测外派适应和冲突的动态变化过程,忽略了外派适应和冲突管理的动态变化性,在实践中难以有效解决现实问题。文化智力作为个体元认知、认知、动机和行为四个维度信息方面普遍的差异特征,能对包括跨文化冲突在内的多维结果变量进行有效干预,可以通过培训获得提升,能弥补传统研究中依赖"大五"人格要素中单一、稳定、静态的个性维度作为个体差异的不足,中资企业外派的跨文化冲突风险与外派人员的文化智力紧密关联。企业外派人员作为企业委托授权管理的主体,面对境外投资项目的信息处理和风险判断,个体文化智力必然反映出对投资项目管理的能力和素质,这是本书研究的重要背景依据。

此外,文化距离(cultural distance)是目前国内外外派冲突管理研究常用的一个宏观环境变量,但大部分研究在使用文化距离时基于同样的传统假设,即文化距离越大,外派适应越难,冲突越频繁。这种对称性假设的缺陷在于忽略了文化距离中文化流动的方向性,而文化距离受文化流动方向的影响具有不对称性的特征。可喜的是,新近部分学者(Selmer et al.,2007;Zhang,2013,2015;Zhang & Oczkowski,2016)提出文化距离不对称性(cultural distance asymmetry)的概念,是对当前跨文化研究中文化距离的重要更新发展,也是本书将通过实证研究检验的关键点。故本书的研究目的是针对"一带一路"倡议下中资企业对外投资,特别是频发的外派冲突背景,对典型中资企业外派个体和群体案例进行理论和现实考察,从微观个体层面文化智力视角切入,充分考虑中观组织外派岗位差异和宏观层面文化距离不对称性因素,建立基于外派人员个体动态适应性的外派冲突预判模型,并以大型中资企业对"一带一路"沿线国家外派为例进行模型实证研究,从而提出企业对外投资中跨文化冲突的应对策略,为减少投资风险、推进"一带一路"建设和大型中资企业"走出去"的可持续发展提供建议和对策。

1.2 研究意义

不同程度的个体文化智力和不同文化流向带来的外派适应与跨文化冲突将呈现不同的规律和特征,立足个体间微观文化智力差异和国家间宏观文化距离不对称性的外派适应与冲突的研究具有重要的理论价值和实际意义。

1.2.1 理论价值

第一,针对外派适应与跨文化冲突管理的企业外派研究,能为"走出去"战略和"一带一路"倡议下我国企业对外投资风险管理提供理论参考。2015年11月，习近平总书记在APEC工商领导人峰会上表示，未来10年中国对外直接投资将增长近三倍，这意味着我国对外投资又将开启全新格局，而基于文化智力的企业外派研究其根本目的在于识别外派中"人"的风险，研究个体差异如何影响和触发跨文化冲突形成的机理和规律，为企业境外投资决策提供风险控制依据。可见，针对企业外派管理的适应与冲突问题进行的动态建模与实证研究，符合习总书记对外直接投资的发展要求，在"走出去"战略和"一带一路"倡议下，能完善企业对外投资风险管理的理论体系和框架。

第二，立足文化智力和文化距离不对称性的外派冲突与适应的动态研究，能为文化距离测度和跨国组织管理理论提供更匹配和更科学的模型与方法。随着跨国企业对外投资与外派所呈现出新特征和新趋势，传统的跨文化适应模型和文化距离测度已不能完全满足现象建模与实证分析的需要。故结合文化智力的动态特征与实际内涵构建新的外派适应模型，并立足文化距离所呈现的不对称性，研究跨文化冲突管理方式与外派适应综合模型能为文化测距和跨国组织管理提供一个更匹配和更科学的模型与方法。

第三，针对外派适应与冲突管理方式的动态模型研究，能为跨文化冲突管理和国际人力资源管理理论（IHRM）和方法的进一步完善提供依据。在复杂的全球投资环境中，非常态的风险事件和突发式冲突已逐步常态化。跨文化适应不能单一地从组织绩效角度来研究和度量。基于文化智力研究外派适应与冲突管理方式的多层复杂原因，运用新视角、开拓新思维、创新新思路，结合定性和定量方法寻求系统的外派管理和冲突管理应对策略，能进一步完善冲突管理和国际人力资源管理理论，为有效防范和应对跨文化冲突冲击及其带来的外派失败的风险提供建议与指导。

1.2.2 实际意义

中国—东盟自由贸易区自启动以来，在"桥头堡"和"一带一路"倡议背景下，云南省与东南亚、南亚国家经济联系日益密切。立足于文化智力和文化距离不对称性的外派适应与冲突风险化解研究还具有实际意义：

第一，针对外派人员个体差异的深入研究，对外派人员的甄选、培训、激励、绩效、劳动关系、冲突风险防范等国际人力资源管理实践指导方面具有重要的现实价值。总结《2014年度中国对外直接投资统计公报》中我国对外直接投资的特点发现：我国企业对外投资遍布全球近八成的国家和地区，投资地域高度集中；投资行业分布广泛，门类齐全，第三产业投资流量存量均超七成；地方企业投资占比超过中央企业和单位对外直接投资规模。可见，目前我国企业外派层次、要求、集中度和频率越来越高，外派结构和种类复杂多样，外派风险越来越突出，外派效果直接影响着企业对外投资的成败。对外投资的新格局下，外派工作已不是简单的人力资源配置，更不是企业一般的内部管理层级设置；企业对外投资实际上是市场竞争中利益再分配或再实现的过程，不同企业、集团甚至国家间的利益在环境、生态、安全保障以及家族、族群、宗教、非正式组织利益中重叠和交织，外派人员事实上已承担了企业的使节、公关协调、危机处置的角色。因此，立足于外派人员文化智力动态测量的外派研究对企业甄选、培训、管理优秀外派人才，控制和降低外派风险，提高外派人力资源管理绩效具有重要的现实价值。

第二，针对外派适应与冲突管理的企业外派研究，对企业对外投资的可持续健康发展、维护改善国家间和谐关系及我国企业形象具有重要的现实意义。根据商务部研究院（2016）《对外直接投资概述调查问卷》结果分析，企业海外投资的主要障碍是外派人员的管理能力和管理经验，其中外派人员的跨文化冲突管理是最重要的外派障碍。从影响效用的角度看，企业对外投资也代表国家形象，投资实施过程中，外派中的纠纷、摩擦乃至冲突，不仅影响企业对外投资目标的实现，也影响着国家间的关系与国家形象。因此，针对外派适应与冲突管理方式的企业外派研究，能帮助企业管理层和外派人员避免民族中心主义倾向，避免把中国式人际关系思维惯式套用到国外政府、企业公关上，从而有助于中资企业的可持续健康发展，并有利于维护和改善我国及中资企业在国际舞台上的形象。

1.3 本书的理论创新

本书围绕外派适应性进行跨文化冲突的主变量关系模型构建：从微观层面考量外派主体文化智力，从中观层面考量组织外派岗位差异，从宏观层面考量文化距离不对称性对外派不适应与冲突的影响。通过上述跨层次的理论分析，进而针对跨文化冲突的主变量动态关系进行模型刻画与提前预判，是对现有外派研究的有效扩展。这是一项在国际人力资源管理、跨文化管理和外派管理等领域具有创新性和拓展性的工作，其特色和创新之处在于：

（1）结合文化流向变化规律调节效应的动态立体化视角具有独特性。现有外派研究在考察宏观环境变量时多立足于静态对称性文化距离的统一建模与实证，尚未考虑动态文化流向差异导致的文化距离不对称性因素。故本书根据文化流向的变化规律与组织外派岗位差异的交互调节作用，用动态关系模型加以描述，立体化视角展现宏观、中观和微观层面动态变量关系的引入，恰好能有效概述和拓展此类研究背景，研究主题具有一定的独特性。

（2）研究内容具有一定的新颖性和前瞻性。其一，已有关于外派适应性的研究，均立足于社会文化适应性层面，其单层次的研究结果均存在局限性。而真正需要深入理解和提早预防的是跨文化冲突爆发前的心理文化适应层面，结合心理文化适应性对跨文化冲突进行管理学方面的解释体现了研究内容的新颖性。其二，已有关于冲突管理的文献均立足于后向视角（即以冲突爆发后的数据为研究对象），相关研究结论固然具有一定的参考价值，但无法及时为该环境下外派管理和冲突控制提供建议。对此，项目立足于文化智力研究外派适应性，进而基于外派适应性研究对跨文化冲突的爆发频率与爆发强度进行预判，立足于前向视角研究外派冲突的演化规律，其研究内容具有更大的实用性和前瞻性。其三，现有研究更多侧重于中高层管理者个案分析及其理论解释，其研究的深度与广度尚显不足。本书针对多主体进行系统分类对比描述，就外派管理层与非管理层不同外派主体文化智力差异水平进行外派适应性现状的基础性探索，可以弥补当前研究局限，研究内容具有一定的新意。

（3）结合结构方程模型方法和定性比较分析方法的冲突预判模型构建方法具有一定的拓展性和创新性。为了解释外派适应性相关的多元数据和多个潜变量，项目引入更匹配、更科学的结构方程模型方法和 AMOS 技术进行模型估计、识别、修正与验证分析，结合目前新兴的定性比较分析方法体现出研究方法的拓展性。

（4）选择典型中资企业对"一带一路"沿线国家外派主体为研究对象，研究结论具有显著的理论价值和实践意义。中资企业国际化进程使得外派任务增幅迅猛，海外作业中跨文化冲突已成为外派任务中的一种常见现象，并且对全球外派，特别是对正处于高速发展并逐步开放的中资企业将产生重大影响。故针对企业外派跨文化冲突问题进行的动态关系建模与实证研究符合习总书记对外直接投资的发展要求，对中资企业"走出去"战略和"一带一路"倡议不仅具有理论价值，还具有显著的实践意义。

1.4 本书的主要研究方法

针对企业外派管理的适应与冲突问题进行建模与定性定量相结合的实证研究，最适合使用结构方程模型（SEM）方法和定性比较分析方法对主变量之间的关系进行模型验证。

本书研究中的内衍变量是跨文化适应，以社会文化适应（SCA）和心理文化适应（PCA）为代表。调节变量是代表文化距离不对称性的外派文化流

第1章 绪论

向。外衍变量有组织职位状态,以管理和非管理角色的职位水平为代表;以及个体差异,由文化智力的元认知、认知、动机和行为四个方面为代表。变量的测量使用经信效度验证的量表。本书共涉及 20 个观察变量,如果采用结构方程模型 Amos 软件进行定量研究,本书需要收集至少 200 个以上有效样本。在采取判断抽样方法所进行的实验研究(pilot study)的基础上,2017 年 10 月至 2018 年 3 月,研究团队对具有代表性的大型中资企业对"一带一路"沿线国家外派进行实地调研和数据收集,由公司主管、人力资源部门经理和员工分别进行填写。调研采取现场发放、现场指导的方式,结合网络调研问卷方法。由于最终得到的调研结果包括问卷资料、不规则访谈记录以及具体统计数据,故调查组还对所有数据,特别是问卷与访谈获得的数据进行信度和效度分析以及探索因子分析,修正问题项,最终获得满足一致性且可信度高的统计样本和调研数据。

本书采用基于 AMOS 的结构方程模型方法来检验理论模型和因果关系,提出多组分析以测试文化距离不对称对假设结构模型的潜在调节作用。统计数据分析计划包括利用组合优度指数和验证性因子分析来评估与假设模型的数据合,对剩余和修正指数(MI)进行检查,以识别初始假设结构方程模型中是否存在显著的合较差点。验证性因子分析则用于比较其他测量模型,进行多组分析以测试分类调节作用。

本书同时使用定性比较分析方法从宏观层面考量正式制度和非正式制度中文化距离不对称性对外派适应的影响,从中观层面考量组织外派的跨文化冲突管理的影响,从微观层面考量外派人员(包括管理层和非管理层样本组)自身的文化智力对外派适应的影响。通过系统性跨层次的实证研究对多元数据和多个潜变量进行分析解释,揭示外派过程中适应与冲突的有效预测变量。

1.5 国内外企业外派现状分析

基于广阔的研究背景意义和明确的研究问题，本小节进一步描述目前国内外企业外派情况，国内外外派状况的发展，列举云南省中资企业外派的发展历程、总体规模、发展趋势并针对未来外派业务的发展方向等内容进行概况介绍和总体分析。

1.5.1 全球外派现状

外派行业起源于 1920 年的美国。从全球范围看，虽然与其他形式就业相比，外派规模比较小，但在世界多数国家，外派人员在全部就业中的比重在不断上升。在跨国企业扩大投资和全球服务贸易快速增长的带动下，全球范围内的人员跨国流动更为频繁，对外派人员的需求不断增加，国际劳务市场规模正稳步扩大。当前发达国家受经济增长放缓、人口增长放慢以及人口老龄化的影响，劳动力供给逐步减少，加之本国劳动力成本不断攀升，导致对外派需求逐步增加。随着科技进步和全球产业结构的调整，信息、生物、环保、电信、旅游业等朝阳产业对国际劳动力的需求日益增加，而国际医护人员、律师、教师、农技人员的需求和一些新兴工业国对脏（dirty）、险（dangerous）、累（difficult）工种的"3D"外来人员的需求也不断加大。

国际劳动力市场呈现多元化格局，大致可以划分为欧洲市场、北美市场、亚洲市场、中东市场和拉美市场等几大板块。其中，亚洲、欧洲和北美洲是国际劳务流动的主要目的地，这三个劳务市场所容纳的劳动力占全世界劳动力的 80% 以上。北美洲劳务市场历史最为悠久，到目前为止仍是最为活跃的市场。美国和加拿大是该市场最主要的劳务输入国。美国作为世界上最大的劳务输入国，对劳动力的需求还在继续扩大。作为一个移民国家，美国与其他发达国家一样，正面临着人口自然增长率降低、人口老龄化带来的劳动力短缺的问题。另外，由于其国内产业结构正在由资本密集型向技术和知识密集型转变，而国内人口有限，很难满足市场对劳动力的需求，只能从别的国家引进这类高科技人才。而在加拿大，除了和美国一样引进大批高科技人才之外，由于其本国人不愿从事脏、累、险的体力劳动，故加拿大对"3D"外来人员的需求也很大，像卫生和社区服务人员也大多来自国外劳动力的输入。总的说来，北美洲的劳务输入主要在一些技术和知识密集型的行业里。

欧洲市场容纳了世界劳务市场1/3以上的劳动力，其市场上的劳动力主要来自于欧盟各国。而其劳务输入就业的行业则表现出层次多元化，包括采矿、制造业、医疗卫生和社区服务、批发和零售等基础产业领域，也包括高科技产业。欧洲市场主要是德国、法国和英国，这些国家受着和美国一样人口老龄化、低人口自然增长率问题的困扰，所以需要引进大批劳动力。

从存量上看，据国际劳工组织2014年报告显示，活跃在世界各国的外派人员达1.5亿，主要分布在亚洲、北美洲和欧洲。如图1.1所示，这三大洲的外籍工人分别为4050万人、3750万人和5100万人，占全球外籍劳工总量的27%、25%和34%，合计占全部外籍工人的86%。从流量上看，2006年国际劳工组织估计全球每年流动劳务约3000万~3500万人，比20世纪80年代初增长了50%以上。

从需求结构上来看，呈现出"两多一少"的现象，即对高技术劳务需求多，发达国家对脏、累、险工作的人员需求多，对其他普通劳务需求量减少。从国际劳务政策看，流动限制逐渐宽松。2012年初，美国总统宣布推动移民政策法案改革。日本要保持经济长期稳定，每年需补充6万劳动力，因此开放劳务市场只是时间问题。西班牙政府一直对劳工输入实行配额政策，但为了吸收更多的外派人才，该国劳工配额将大幅度增加。另外，东南亚的新兴工业国和地区在经济高速增长中出现结构性劳务短缺的情况，并相继放松了对外派人员入境的限制。

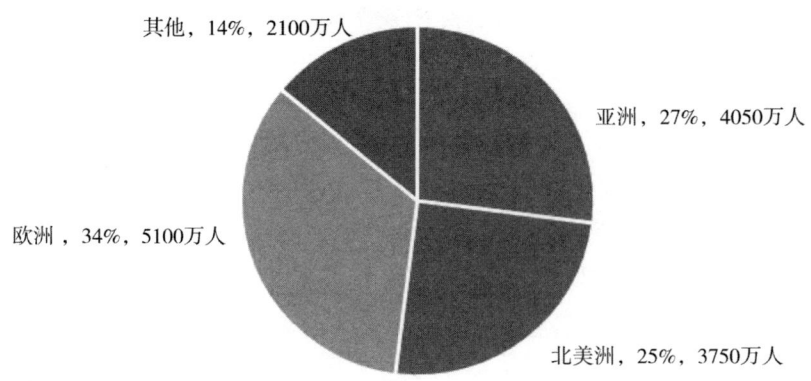

图1.1 2014年世界外籍工人主要区域占比

资料来源：国际劳工组织2014年报告。

1.5.2 中国外派现状

外派在我国是伴随改革开放兴起的一项事业。经过30多年的发展，中国外派发展取得了良好成效，成为我国对外经济合作和实施"走出去"战略的重要内容。随着战略步伐的加快，外派在扩大服务出口、建设社会主义新农村和构建社会主义和谐社会中发挥着越来越重要的作用。随着经济的迅速发展和教育体制改革的不断深化，我国培养和造就了一大批遍布各个领域和行业的专业技术人员和技术工人，特别是一些劳动密集型产业人力资源过剩，向境外派出的要求相当迫切。在全球经济持续增长、服务贸易迅速发展、区域经济合作不断增强的背景下，国际自然人流动作为服务贸易和国际经济合作的组成部分更加频繁和活跃，目前世界各国产业结构调整和人口结构变化加剧，在一些领域，国际劳务市场需求旺盛，为我国外派员工提供了广阔的发展空间。就外派中占比较大的劳务派遣看，中国的劳务派遣始于1979年北京外企人力资源服务公司向一家日本公司的驻华代表派遣中方员工，其大致经历了萌芽阶段、服务国有企业改革阶段和满足劳动力市场一般需求三个发展阶段。具体有：①初始萌芽阶段。在20世纪80年代国务院关于外国企业常驻代表机构聘用中国雇员的规定中，要求外国企业常驻代表机构聘用中国雇员可经过外企服务单位办理,外企服务单位应当与中国雇员签订劳动合同。这是基于国家行政法规的规定在特殊就业领域而产生的派遣。②服务国有企业改革阶段。为配合国有企业产权变动、减员增效、主辅分离的改革所进行的劳务派遣,社会化程度很低,派遣机构国有企业或其改制后公司的分支机构,只派遣下岗失业人员和职工家属,有的甚至只向国有企业或其改制后的公司派遣。③满足劳动力市场一般需求阶段。在这一阶段,派遣机构的地位业务都已社会化,服务对象包括各种所有制形式的雇主和本地、外地劳动力。

对每一家中资跨国企业（MNC）或跨国组织（MNO）而言,均涉及三类员工的人力资源（HR）管理。第一类是对中方外派人员（PCN）的管理。外派适应存在 U 形曲线的时间规律,许多外派失败的例子都发生在外派出国后 1~3 月的时间内;3 个月到一年的时间内慢慢习惯适应;一年之后,家庭问题就成为主要的适应性障碍,薪酬问题比起适应性问题成为次要的问题。第二类是对本地员工（HCN）的管理,需注重对本地员工的信任,包括文化的输送,处理好雇主与雇员的关系。第三类是对第三国国民（TCN）的管理,即选自第三国的员工管理。譬如,一家中资企业雇用两名印度员工派到巴基斯坦去工作,但中国的工资高而巴基斯坦的工资低。如何解决和平衡类似问题,企业需要有一套相应的机制。此外,中资企业往往初始阶段在某个国家有很多工程,工程竣工后该国没有工程可以做了,如果不能实现全球调配,那么企业的损失会非常大。

当前,总结中资企业外派日益呈现出三大特征:一是外派服务水平日益提升。从季节性、临时性、突击性、辅助性、低层次向长期性、专业性、高层次发展。二是用工单位范围逐步拓展。从外国使领馆、外国企业常驻代表机构、外商投资企业扩展到地方政府机关、企事业单位,从非国有企业拓展到国有企业,从营利性机构拓展到非营利性机构。三是外派人员日益多层次化。从农村劳动力、外来从业、停薪留职、退休人员等扩大到高级专业技术人员和高层管理人员。从总体来看,目前我国企业的外派格局为"以亚洲为主,非洲、拉丁美洲和南太平洋为辅,欧洲地区稳步增长"。伴随着我国外派行业由低层次向高层次的拓展，我国的外派人员结构也开始不断完善。虽然总体上讲，外派人员仍然集中在劳动密集型产业，但是诸如软件人才、医务人员和企业管理人才等技术人才所占的比例逐年升高。另外，我国企业的外派综合实力正逐步增强。从最初的对外经济援助，到如今成为对外经贸领域的重要组成企业，比如中国建筑工程总公司、中国港湾建设集团总公司以及中国水利水电建设集团公司等多家外派承包企业已跻身全球225家大承包商（ENR225）之列。

然而我国企业外派的区域发展极不平衡。东部沿海地区的外派总量比中西部地区两者之和还要多。除区域间发展各不相同外，我国三大区域内不同省份的发展也相差悬殊。比如，据中华人民共和国商务部网站显示，东部地区的山东、福建、江苏和广东等地的外派水平明显高于其他东部省份，四者的对外派份额约占东部地区总额的一半以上。

表1.1 2014年我国对外承包工程和外派各类劳务人员前15名省份情况

序号	省市	累计派出各类劳务人员数量	期末在外各类劳务人员数量
1	山东省	59941	115328
2	福建省	49402	56199
3	江苏省	44239	96402
4	广东省	44060	76193
5	湖北省	31957	32250
6	河南省	31660	89563
7	上海市	26695	35728
8	浙江省	19472	31279
9	辽宁省	17284	46952
10	北京市	17031	29457
11	天津市	15648	18403

续表

序号	省市	累计派出各类劳务人员数量	期末在外各类劳务人员数量
12	安徽省	14139	24709
13	湖南省	13413	32260
14	河北省	9239	11280
15	云南省	9225	12278

资料来源：中华人民共和国商务部网站（http://hzs.mofcom.gov.cn/article/date/201502/20150200887787.shtml）。

如表1.1所示，2014年我国累计派出各类劳务人员总量排名第一的省份为山东省，期末在外各类劳务人员总计达115328人，远超第二名福建省月末在外劳务人员总量的一倍之多。从总体情况来看，外派劳务人员最多的省份主要集中于东部沿海地区，主要原因在于东部地区优越的地理环境，而云南省在西部地区派出人员总数方面位列首位，这主要得益于其面向东南亚、南亚的优势位置，以及我国"一带一路"倡议的引领作用。"十五"期间，中国对外劳务合作营业额年均增长11.5%，高于同期国内生产总值的平均增速。据全国总工会称，2010年底全国外派人员总数已达到6000多万，对2010年和2011年全国外派用工的调研表明，目前全国企业外派人员占企业职工总数的13.1%。与发达国家相比（美国2%，日本3.4%，英国2.6%，德国1.2%，法国1%）我国外派比例明显偏高。

2017年，我国外派各类劳务人员52.2万人，较上年同期增加2.8万人；其中承包工程项下派出22.2万人，占42.5%，劳务合作项下派出30万人，占57.5%（见图1.2）。年末在外各类劳务人员97.9万人，较上年同期增加1万人。2018年1~8月，我国外派各类劳务人员30.9万人，较上年同期减少2.7万人；其中承包工程项下派出15.7万人，劳务合作项下派出15.2万人。8月末在外各类劳务人员99.4万人，较上年同期增加4.2万人。图1.2的数据显示了2013年至2018年8月我国外派劳务人员总数。在巩固传统市场的基础上，中国分别与塞班、俄罗斯、巴林、马来西亚、毛里求斯、英国、约且签署了双边劳务合作协定，市场分布日趋多元化。一些外派人员成功进入德国、奥地利、挪威、瑞典、荷兰、澳大利亚等国市场。目前，中国企业外派范围已扩展到全球10多个国家和地区。其中，外派人员较多的依次为日本、新加坡、韩国、阿尔及利亚、中国澳门、俄罗斯、中国香港、阿联酋、苏丹、约旦、塞班、中国台湾和毛里求斯。

中资企业外派的行业领域主要分布在制造、建筑、农林牧渔、交通运输和饮食服务。其中，建筑、纺织、渔工类人员占外派劳务总数的一半以上。此外，也有一些设计咨询管理、科教文卫体、计算机技术服务等高级技术领域的外派人员。中国已然成为国际建筑、纺织劳务和海员的重要来源地，行业领域不断拓宽。

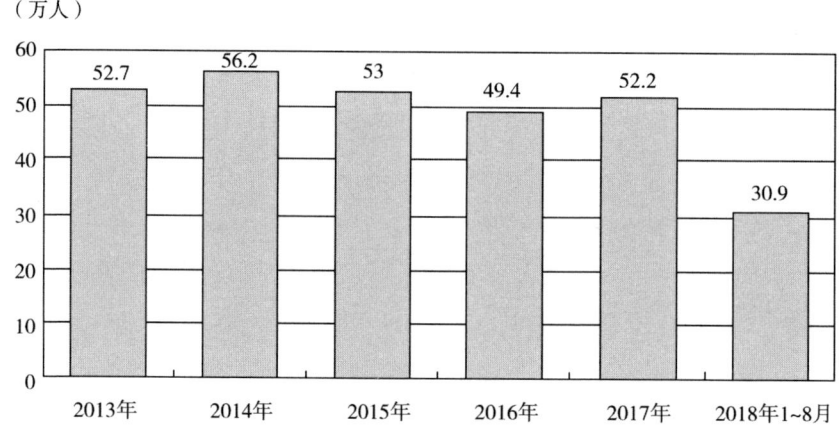

图 1.2　2013 年至 2018 年 8 月中国对外劳务合作派遣人数合计

资料来源：由中华人民共和国商务部网站整理所得，http://www.mofcom.gov.cn/article/tongjiziliao/dgzz/。

具体而言，笔者以本研究收集数据时所选取的云南省大型中资企业面向"一带一路"沿线国家外派为例，来说明外派样本的总体情况。作为"走出去"战略的重要内容，自 2007 年在楚雄州南华县成立了第一个外派劳务基地以来，云南省大型中资企业外派劳务数量和质量不断提升，从最初一两千人

第1章 绪论

的输出规模,到 2018 年已有 13 万多外派人员,全省已建立了 21 家外派劳务基地县和专业基地。其中,楚雄州南华县被认定为国家级培训基地,年培训能力达 3 万人,基本涵盖了劳务输出企业的不同需求。此外,云南省建立了 3 家对外劳务合作服务平台,先后引进了 10 余家省内外有实力的经营公司与基地,并建立了长期稳定的合作关系,积极开展多种培训,不断提高培训水平。据云南省商务厅数据显示,云南省的对外经济合作业务在全国居中上水平。由图 1.3 所示,2018 年 1~8 月,云南省累计派出劳务人员 6797 人,其中工程项下派出 6651 人,占 97.85%;劳务项下 146 人,占 2.15%。8 月份共派出外派劳务人员 540 人。外派用工单位包括国家机关、事业单位、社会团体、民办非企业单位及各种所有制性质和规模的企业等。云南省劳务派遣单位大部分分布在昆明、玉溪、曲靖、红河、楚雄等大中型企业聚集地。

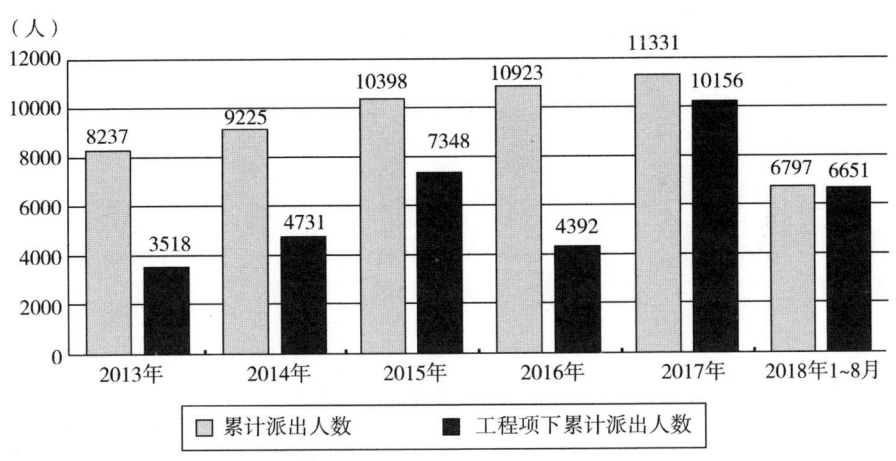

图 1.3　2013 年至 2018 年 8 月云南省对外劳务合作派遣人数

资料来源:由云南省对外劳务合作网站整理所得,http://www.ynlabor.gov.cn/search/labor/。

1.6 本书的基本思路与分析框架

从国内外企业外派现状可见，在过去的十几年中，全球化促进了劳动力流动性的迅速增长，而且这种趋势中存在的跨文化冲突在可预见的未来不太可能减少。可是，中资企业终于走出去了，人才国际化进程却举步维艰；员工本地化是愿景，却受制于跨文化冲突；人员外派有去难回，异乡的融合有苦难言。为了对外派适应性与冲突进行合理的模型构建和理论分析，本书对中资企业外派现实特征与跨文化冲突形成机理进行研究。其中，现实特征研究为后续外派主体适应与冲突模型构建提供表象依据，形成机理研究为进一步理论分析外派冲突模型提供本质参考。本书基本思路如下：①利用组织行为学、国际人力资源管理学、心理学以及冲突管理等方面知识，立足目前企业外派主体和冲突主体出现的上述新特征进行文献梳理，从而发现外派主体适应与冲突形成演变的内部特征。②考量新常态背景下对外投资的类型和外派任务的文化流向特征、外派选拔标准、东道国环境、习俗文化、宗教信仰差异程度，并对外派任务的类型、性质和东道国国别及外派岗位进行分析，从而发现外派主体适应性和跨文化冲突事件形成演变的外部特征。③厘清外派适应性与跨文化冲突二者之间的相互关系。笔者初步设定外派主体适应与跨文化冲突互为有效的预测变量，外派主体跨文化不适应的直接结果将引发跨文化冲突，而恶性跨文化冲突的爆发将使得外派不适应程度加剧。④由于经济的全球化、生产的协作化、分工的国际化以及外派人员的专业化与知识化带来的文化差异、文化流向和个体不同程度文化智力导致的外派不适应与冲突呈现系列新特征，如冲突的频发性、大危害性、多主体性、渐进同步性、差异性、结构复杂性等，通过文献收集和面板数据分析，对上述新特征进行归纳、描述、验证和总结，从而提出有效的外派跨文化冲突分层应对策略和冲突化解的技术框架。如此不仅能验证新时期中资企业外派的阶段性变化和存在的主要问题，还为后续测度模型的构建提供参考。

再者，针对跨文化冲突的形成机理，笔者认为应当关注其主体多元性，主体多元性分为表层多元性与深层多元性：①表层多元性是群体成员人口统计方面的多元性，例如背景、文化、年龄、性别、种族、职能、任期等。冲突前因变量的早期研究多集中于人口统计的多元性，但是这些多元性和冲突之间的关系存在很多的不一致，对此，笔者把表层多元性的人口统计数据作为控制变量在问卷首部分进行量度。②深层多元性无法通过直接观察得到，比如情感、情绪智力、压力、跨文化互动能力和价值观等。国内外学者的前期研究表明，这种深层因素是导致跨文化冲突更为重要的原因。对此，笔者分三个层次研究跨文化冲突的形成机理：①个体要素交叉引发的价值观冲突。来自不同文化背景的外派主体有着不同的价值观，跨文化冲突本质上是人口统计学差异引发的价值观冲突。②组织季风效应引发的行为规范差异。外派岗位差异、组织意识、利益关联、文化归属、心理依赖、对符号意义的理解、对语境的理解等均能造成行为规范差异，引发冲突的各种组织要素往往会交织在一起，从而造成冲突加剧。③文化流向对宏观环境效应的影响。笔者立足宏观的国家文化差异的视角研究动态文化流动方向所体现的不对称性结构对外派适应性与冲突的影响。本书将结合上述外派现实特征和跨文化冲突形成机理构成系统理论解释，进而为后续的理论推导、建模与实证奠定基础。

故针对大型中资企业外派过程中的跨文化冲突种类，从文化智力视角切入，充分考虑文化距离不对称性因素，研究企业外派环境的动态变化，通过外派适应和跨文化冲突化解的理论梳理和实证研究，探索影响外派适应的宏观、中观和微观因子变化规律，建立科学的跨文化冲突分层应对策略，为大型中资企业"走出去"的可持续发展提出对策建议是本书研究的整体思路。

基于以上思路，具体研究目标如下：

（1）研究企业外派的现实特征及外派不适应与冲突风险形成的机理，并利用国际人力资源管理学、跨文化心理学和组织行为学的相关理论进行具体解释，夯实文化智力与文化距离不对称性的分析框架和跨文化冲突风险形成理论研究基础。

（2）通过结构方程构建企业外派的主变量关系模型，遵循"表象机理→模型构建→实际运用"的建模思想，通过文化距离不对称性的度量，结合外派不适应与冲突风险的内涵与特征，使用定性比较分析方法对外派动态适应与跨文化冲突过程、冲突类别进行预判，揭示不同冲突现象产生的背景，为外派冲突应对策略的构建提供依据。具体通过调查个体差异如何影响外派人员的社会文化和心理文化适应，及文化距离不对称所起的调节效应，以掌握不同程度的个体文化智力和不同文化流向带来的外派适应与跨文化冲突的规律和特征，识别企业外派中"人"的风险。

（3）提出跨文化冲突分层应对策略，对不同文化流向下不同外派个体间存在的外派适应性现象进行有效合理度量，并结合冲突形成机理与外派适应模型度量含义，提出企业外派管理的对策方案，为外派不适应与冲突的预防、应对、控制和化解提供对策建议。

本书的基本框架共分为6章。第1章首先从研究外派适应的背景和依据展开，并从理论与现实两方面来解释本书的意义；其次介绍研究目的和目标，内容和方法；最后分析国内外外派现状，并指出国内外派发展现状及待完善之处。第2章分别从外派适应的国内外研究的文献述评展开，主要围绕外派适应、文化智力、文化距离和冲突管理四个主变量，分析之前学者的研究，并对目前成果进行总结，为接下来的研究提供方向。第3章基于第2章的理论铺垫，对外派适应、文化智力、文化距离与跨文化冲突要素关系进一步进行分析，发展相关理论，提出假设并进行模型构建。第4章使用结构方程模型（SEM）方法和定性比较分析方法对第3章中提出的主变量之间的关系进行模型验证，分别从宏观、中观以及微观层面考察不同变量对外派适应的影响。通过系统性跨层次的实证研究对多元数据和多个潜变量进行分析解释，揭示外派适应中的有效预测变量。第5章基于第2、第3、第4章的理论铺垫、模型构建和数据分析计划，进行数据分析并描述相关假设检验的步骤和结果。具体步骤包括初始分析、描述性分析、双变量分析、验证因子分析、各变量之间相关分析、结构方程模型分析和定性比较分析方法等来对假设进行检验，确定某些变量与外派适应性之间是否存在相关关系。第6章呈现研究的结论和展望，分别从宏观、微观两个方面得出结论。宏观建议针对国内外派发展现状及企业角度提出相应措施，微观建议从理论层面解释变量对个体外派适应的影响以及实证结果对组织外派的启示，最后从政府和企业两个层面对综合外派管理提出对策建议。

第 2 章 理论基础与主变量分析

本书致力于检验个体差异如何影响外派人员的社会文化和心理文化适应，以及文化距离不对称性所起的调节效应，以掌握不同程度的个体文化智力和不同文化流向带来的外派适应与跨文化冲突的规律和特征，识别企业外派中"人"的风险。基于此研究目的，本章围绕文化距离、外派适应性、文化智力和冲突管理四个主变量及其相互关系的相关研究进行基础分析，并就相关文献回顾进行理论述评与主变量分析。通过对文化距离不对称性、外派适应性、文化智力和冲突管理等相关概念及其相互关系的界定和区分，为后续理论建模和实证分析明确研究对象；通过主变量分析，为后续优化的外派管理和跨文化冲突预判模型奠定理论基础，综合二者构成了本书的理论基础。

2.1 文化距离不对称性

文化距离（CD）作为宏观环境变量在国际商务和管理学领域被广泛应用。Hofstede（1980）提出文化距离的概念后，Kogut 和 Singh（1988）将这一概念推广应用到管理学和商科领域，即指东道国子公司的文化准则不同于其母国文化的差异程度。之后的研究（Church，2000；Osland et al.，2006）均默认文化距离是对称的，其潜在的基本假设是文化距离越大，跨文化适应越难，文化体系间的冲突愈盛。尽管文化是一个无形、复杂和模糊的概念，并且难以准确的测量，但国外学者（Ward & Kennedy, 1999；Selmer, 2007；Chen et al., 2010；Shenkar, 2012）仍将文化距离的概念广泛应用于跨国公司管理、企业对外投资、海外市场战略、进入模式选择、国际人力资源管理、跨国公司绩效、母公司控制程度、管理能力转移、标准化适应性战略实施等方面。

由于文化距离是企业国际化过程中的重要因素，国内学者赵曙明（2007）、刘兴亚等（2009）较早对跨国公司面临的文化差异挑战进行了实证，发现文化差异对资产专用性、外资进入模式选择、交易成本框架、跨国并购、外资进入东道国的方式影响很大。徐笑君（2010）、田晖和蒋辰春（2012）分别运用组织学习论、制度因素、文化非正式制度因素论探讨文化距离、文化非正式制度对跨国企业绩效和企业对外投资成败的影响，均指向母国与东道国间文化距离越小，跨国企业外派绩效也越好。这类结论是基于文化距离对称性的假设提出的。

关于文化距离的测度方法研究，现有文献对于文化距离的作用和影响机制还没有得出一致的研究结论，可能的原因主要是文化距离测量方法的不准确性（Shenkar, 2012）。在测量文化距离的研究中，Hofstede（2001）的五维文化框架（包括权力距离、个人—集体主义、不确定性规避、男性—女性气质和时间取向）得到理论界的广泛关注。Schwartz（1994, 2003）通过对63个国家中的41个文化群组的研究，开发出6种国家层面的价值指标：保守主义—自由主义、等级制度—平等主义和改造—共生。House等（2004）的GLOBE项目通过对951个组织的17370个中层经理人员的数据收集，发现了9个国家层面的文化维度：未来导向、性别平等、决断性、共生集体主义、群体集体主义、权力距离、不确定性规避、绩效导向和人本导向。虽然Schwartz和House等的文化价值维度有别于Hofstede的价值维度，但是这三种文化测距的方法存在一定的相似性和联系，即在测量母国与东道国之间文化差异的时候，之前的研究（Hofstede, 2001；Schwartz, 2003；House et al., 2004）大多采用Kogut和Singh（1988）的客观方法对文化距离进行测量。这种文化测距的方法来源于国家层面的因素而非个体层面，反映的是一个国家与其他国家间文化价值和标准的差异化程度。然而，从管理者认知的视角对文化距离的研究很少将这种方法与外派适应相结合，并开展细致的实证研究。

如前所述，大量关于外派跨文化适应的国内外研究都基于一个同样的假设，即文化距离越大，个体适应越难。例如，Eriksson 等（2000）认为母国和东道主国文化差异越大，对于新环境知识了解就越少，因为识别和解释信号更困难。同样，Manev 和 Stevenson（2001）表明母国和东道主国之间的文化差异越大可能增加文化冲击的严重程度和适应越困难；Sousa 和 Bradley（2006）指出国家文化有相似性或较小的文化距离会促进互动，而文化距离越大，互动干扰越大。事实上，国内外大部分学者的研究都基于文献中关于文化距离的传统假设，这种传统假设把文化距离看作是固定不受文化流动方向影响的静态因素。如果这类对称性的假设成立，那么从 A 国外派到 B 国的个体与从 B 国外派到 A 国的个体将经历同等程度的适应性障碍，面临同等程度的适应性困难，然而现实观察并非如此，以国际作业文化流向差异为代表的文化距离不对称性特征在外派流程中具有不可忽略的影响作用。

对于文化距离的动态不对称性特征研究，Selmer（2007）和 Shenkar（2012）的研究首先对文化距离对称性的假设提出质疑，如 Shenkar（2012）指出距离并不意味着对称。笔者前期基于上述研究提出"文化距离不对称性"（CDA）的概念，并通过实证研究（Zhang & Oczkowski, 2016; Zhang & Zhou, 2017）发现，当从权力距离小的国家外派到权力距离大的国家时，管理岗位的外派人员跨文化适应性越优；反之，从权力距离大的国家外派到权力距离小的国家时，非管理岗位外派人员表现出更好的跨文化适应性。这表明以国际作业外派文化流向的调节作用为表现的文化距离不对称性是跨文化适应性的重要干扰变项。

综上可知，在应用文化距离考量宏观环境时应考虑其不对称性特征，即外派适应性受文化流动方向和权力距离交互调节效应的影响，文化距离不对称性的构建是对当前跨文化研究的更新发展，这也是本书立足文化距离不对称性的视角来研究外派适应性与跨文化冲突的原因。

2.2 外派适应性的界定

国外六个比较有影响的外派跨文化适应（CCA）理论分别是：Black 和 Mendenhall（1991）的外派社会适应三维模型、Berry（1990）的文化适应理论、Triandis（1994）的个体—集体主义理论、Trompenaars（1994）的文化构架理论、Hofstede（2001）的文化维度理论，以及现在一批学者（如 Suutari & Burch，2001；Caligiuri，2006；Fok - Trela，2011）所推崇的系统理论（System Theory）。总结国外关于外派适应的研究可归纳为两大部分：一部分研究（Searle & Ward，1990；Ward & Kennedy，1996；Anderzen & Arnetz，1999；Molinsky，2007）关注心理文化适应层面，即个体在跨文化环境下是否拥有幸福感和心理满足感，生活压力的变化对个体在跨文化互动中的心理状态造成的正面或负面的影响。以 Black 和 Mendenhall（1991）为代表的另一部分研究聚焦于社会文化适应，即个体能否适应东道国当地的社会文化环境，包括：个体对东道国衣、食、住、行、医疗设施等满意度以及有效应对日常生活的能力（生活适应）；个体承担工作角色、完成任务、履行责任和熟悉新工作环境的程度（工作适应）；个体与东道国居民互动、交往的自由状态（社会交往适应）。由此，笔者认为囊括心理文化适应和社会文化适应两个维度的外派适应研究更能完整描述外派适应的全景，更符合现实的需要，这也是本书界定因变量外派适应性概念的立足点之一。

针对上述两个维度的外派适应，国内外学者分别就影响外派适应的因素给出了理论解释，其中，Andreason（2003）概念性地提出外派适应过程可能受到的影响因素，包括工作因素、组织因素、职位因素、非工作因素和个体因素等，然而，其研究没有量化论证各因素如何影响外派适应，也没有通过模型构建来形成外派适应的多维因素结构。Kraimer 等（2003）研究了角色因素、组织支持和工作关系对外派适应和组织承诺的影响，但缺乏对影响作用过程的研究。Werner（2012）、Luo（2016）、Zhang 和 Oczkowski（2016）认为外派研究主要针对外派经理的人物接受度、确定外派潜能、外派培训、外派授权、外派绩效管理等，公司应该在早期阶段针对预期绩效的现实水平进行控制管理。根据文献梳理，影响外派适应的因素可归纳为外部因素（如组织、伙伴、家庭、社会支持等）和内部因素（如人口统计学因素、认知方式、人格因素、知识与技能等），其中，内部因素中的人格特征作为个体稳定的心理、情感和行为特征，成为研究外派适应的焦点。目前广泛应用于跨文化适应研究的是 McCrae 和 Costa（1987）开发的"大五"（Big Five）人格个性要素，包括外向型、神经质型、开放型、随和型、尽责型五种相对显著且稳定的人格特征。其中开放型性格有助于跨文化适应，而神经质型性格则会妨碍跨文化适应，其他三类性格对跨文化适应的预测效果不明显，或与跨文化适应不相关。

在国际人力资源管理文献中，"外派成功"经常被用来评价外派人员的跨文化适应情况。外派成功也称外派有效，其范围较广，涉及外派的整个过程，不但包括外派人员在东道国适应良好，能够处理各种压力与紧张，工作绩效佳，圆满完成外派任务，在东道国生活满意；而且还涉及外派人员能够顺利归国，重新适应母国的工作生活，通过外派增加了组织承诺，并能够欣然接受再次被外派的指派。相应地，"外派失败"则表现为没有完成外派任务或目标而提前回国，还包括外派人员虽然完成了外派任务，但在回国后离开组织。除此之外，外派失败还包括对外派经历有着负面的影响，影响到个体的职业生涯、家人的生活或配偶的职业生涯发展，以及不愿意接受再次被外派的任务。事实上，如果组织能够了解跨文化适应所造成的结果，将有助于策划适当的人力资源政策，来减少外派任务的失败。通常，外派人员良好的跨文化适应将为其带来较高的工作生活满意度，并在此过程中，个体能感知到组织的支持。这种满意和组织支持感知又使个体对跨国企业产生组织认同和组织承诺。外派人员基于社会交换，投入更多的努力在工作中，最终为组织带来高工作绩效，并有较强的动机留在跨国企业中。

国内学者结合中国的实际，本书对外派管理领域的诸多方面进行了广泛的研究，总结当前国内该领域文献主要呈现以下特点：

第一，国内研究主要依据国外文献对跨文化适应性进行变量分析。王重鸣和姜金栋（2005）、刘俊振（2010）、周燕华和崔新健（2012）、王慧（2013）、王玉梅和何燕珍（2014）以及王亭（2014）分别从外派管理实践、组织支持感、工作促进、福利支持、社会支持、回任安排、期望匹配、家庭和谐发展、情绪智力、东道国制度差异、东道国居民社会网络以及东道国文化群体满意的角度对跨文化适应给出了理论解释。除此之外，部分国内学者着重于外派人员跨文化胜任力模型构建研究，李宜菁和唐宁玉（2010）以认知作为基础、情感作为关键、行为作为结果提出中国企业外派人员跨文化胜任力的三维度外派胜任力模型。李艳（2010）和赵婷婷（2010）从个体差异的角度提出由个体特征、认知能力、交际能力、动机构成的外派跨文化胜任力四维模型。郭颖和蔡建峰（2013）构建了包括认知能力、整合能力、再塑造能力、归国适应能力的四维跨文化胜任能力概念模型。以上研究是定量建模和实证分析的基础，也是本书研究的出发点。

第二，国内对跨境外派的研究主要关注中国派出的管理层人员，对非管理层人员的外派适应问题目前尚无文献可考。陈慧等（2003），李宏和李宏艳（2005），蒋建武、赵曙明和常婕（2007），陶凤鸣等（2009），杜淑玲（2010），林肇宏和张锐（2013）分别从个体因素、组织因素、社会因素、内外部因素等研究了外派管理层人员的甄选、招聘、培训、控制和评价以及违约执行成本等，指出当前中国跨国企业主要采用的是民族中心主义和多中心主义相融合的外派管理模式，提出外派经理是跨国企业最重要的资产，已成为当今企业获得最大价值增值和丰厚利润回报的核心秘密。

综上可知，国内外学者对外派适应研究找到了影响跨文化适应的显著性个体差异，并据此筛选合适的外派人员赴海外任职，最大限度保证外派人员跨文化适应成功，减少外派失败，而人格作为个体差异成为研究跨文化适应的重要预测指标。笔者认为虽然人格特征是较为稳定的个体特征，但无法解释动态的外派适应全景。

2.3 文化智力的构念

作为新兴研究领域，文化智力的构念是从认同理论（Stryker，1987）、文化自我呈现理论（Erez & Earley，1989）、社会学习和自我效能理论（Bandura，1986）、主体文化分析研究（Triandis，1972）以及多元智能理论（Sternberg & Detterman，1986）发展起来的。Earley（2002）首次提出文化智力的概念。自此，诸多学者（Earley & Ang，2003；Earley & Mosakowski，2004；Thomas & Inkson，2004；Ang et al.，2004，2007，2012）持续探索文化智力的本质和结构。文化智力被定义为个体在多元文化环境中有效的互动能力（Earley & Ang，2003），是专门针对在跨文化环境中的认知、动机和行为的研究（Ang et al.，2007），是在以文化多样性为特征的相关情境中的一系列通用能力（Thomas & Inkson，2004）。

在过去的十多年间，Soon Ang 在新加坡建立起著名的文化智力研究中心。文化智力的构念研究（见表2.1）从最初的三维模型（Earley，2002）发展为四维模型（Earley & Ang，2003）：①元认知文化智力，指"思考之上的思考"，即个体对于监控和使用个体所具有的认知知识的理解和策略（Butterfield，1994），包括计划、自我监控以及认知策略的使用（Earley & Peterson，2004）。②认知文化智力，指个体知道什么是文化，什么是文化差异以及不同文化怎样影响行为（Thomas & Inkson，2004），这需要广阔的社会文化知识基础，包括政治、经济、宗教体系以及社会关系。③动机文化智力，指个体面对和接触不同文化的意愿以及面对冲突局面时内心坚持的渴望

(Earley & Peterson, 2004)。Earley（2002）指出对于动机文化智力较弱的人，将不会产生适应。动机和外派适应之间的密切关系已经在各种研究中被广泛证实（Smith & Bond, 1999；Adler, 2002；Zhang, 2013；Zhang & Oczkowski, 2016）。④行为文化智力，指"一个良好的行为指令系统"（Thomas & Inkson, 2004）并能够从这一指令系统中做出明智的选择，包括互动中适应情境的语言表现和非语言行为，一个具有高行为文化智力的人有很强的模仿才能（Thomas, 2006），即无意识地或机械地完成互动（Earley, 2002）。

表 2.1 关于文化智力构念发展的研究总结对比

学者（年份）	构念包含的理论维度	应用范围
Earley（2002）	元认知 动机 行为	全球外派任务 多元文化任务 跨文化培训方法
Thomas & Inkson（2003）	认知 敏感度 行为技能	跨文化交流
Earley & Mosakowski（2004）	认知 身体感触 情感动机	异质文化
Earley & Ang（2003） Earley & Peterson（2004）	元认知 认知 动机 行为	跨文化培训 多元文化团队
Earley 等（2006）	文化策略 动机 行为	多样性任务 全球外派任务 全球化团队
Thomas（2006）	认知 专注力 行为	个体职业生涯发展 个体跨文化能力评估

第 2 章　理论基础与主变量分析

续表

学者（年份）	构念包含的理论维度	应用范围
Ang 等（2004，2007）	元认知 认知 动机 行为	跨文化冲突预判和决策 跨文化适应性 个体绩效表现

关于文化智力批评意见的研究，四维模型的构念（Earley & Peterson, 2004; Ang et al., 2004, 2007）目前是文化智力理论构念的最新发展，也是该领域被引最高的基础理论，很少受到批评。唯一的批评意见来自 Hampden-Turner & Trompenaars（2006），Hampden-Turner 和 Trompenaars（2006）对于文化智力的主要批评意见有：①文化有完全相对的价值，因此认为一种文化比另一种文化更有智慧是带有歧视性的；②文化研究是后现代主义的一种形式，尝试将特定形式的文化进行归类是不恰当的。笔者认为对于文化智力的反对意见源自宏观层面研究文化智力的研究而不是微观层面的研究，文化智力的四个维度有效展现出将智力作为一个复杂、多元化的个体差异属性在跨文化情境下进行分层思考、观察和探索。

由于文化智力在跨文化互动中的重要性，国内许多学者对其也进行了大量的理论分析和实证研究。唐宁玉和郑兴山（2010）、肖芬（2012）、岑延远（2013）、霍涌泉（2015）分别对文化智力构念、文化智力量表及其在中国管理人员中的跨文化一致性与适用性进行了研究。王泽宇等（2013）从文化智力的角度对个体跨文化适应性进行了实证研究，验证了文化智力量表的构思效度，揭示了动机文化智力与跨文化适应显著正相关，文化智力总体对工作绩效和互动适应有一定的预测性。综上可知，关于文化智力对外派适应重要意义的研究仍然处于初始阶段，因此对于二者关系的范畴还有很大的研究空间。

关于文化智力实证研究，总体上文化智力的四个维度反映了对于智力作为一个复杂的、动态的个体属性的现有跨文化情境观察。关于文化智力的实证研究指标指向用于越来越多的预测性效度,针对文化智力的代表性实证研究总结见表 2.2。

表 2.2 关于文化智力的代表性实证研究总结

学者(年份)	研究对象	数据分析技术	研究描述	研究不足
Ang 等(2006)	338 名商务本科生	层级回归分析	研究文化智力和"大五"人格特质之间的关系: • 责任感与元认知文化智力正相关 • 亲和力和情感稳定性与行为文化智力正相关 • 外向型人格与认知、动机、行为维度正相关 • 开放型人格与文化智力四个维度均呈正相关	首个针对文化智力的实证研究,模型不完整,没有涵盖文化智力的所有维度,研究边界关系不够明确
Templer 等(2006)	157 名在新加坡的全球化专业人员	层级回归分析	• 研究发现动机文化智力与社会文化适应之间正相关	仅针对动机文化智力,没有涵盖文化智力的其他三个维度 东道国仅限于新加坡,需要在更宽泛的东道国情境中验证结果
Ang 等(2007)	研究一:593 名来自美国和新加坡的本科生 研究二:98 名暂时在新加坡的国际管理者 研究三:103 名在新加坡的外国专业人员	层级回归分析	• 研究文化智力四个维度和三个跨文化效能结果变量之间的关系(包括文化判断与决策、绩效表现和文化适应性) • 元认知文化智力和认知文化智力是文化判断与决策的有效预测变量 • 动机文化智力和行为文化智力是文化适应性的有效预测变量 • 元认知文化智力和行为文化智力是作业绩效的有效预测变量 • 验证了文化智力量表的信度和效度	未考察其他可能的预测变量

第 2 章　理论基础与主变量分析

续表

学者（年份）	研究对象	数据分析技术	研究描述	研究不足
Takeuchi 等（2005）	221 名来自美国大学的本科生	层级回归分析	• 研究文化智力和国际工作经验之间的关系 • 大量非工作经验与高文化智力相关	需要美国以外的更多不同文化情境来验证研究结果的普适性
Tay 等（2008）	491 名到巴西、新加坡和以色列商务旅行者	层级回归分析	• 跨文化经历与认知文化智力正相关 • 控制需求与文化智力四个维度正相关	关注跨文化经历的影响和需求控制，而没有涉及跨文化适应性的考察
Shokef and Erez's（2008）	191 名在以色列、中国香港、韩国和美国的工商管理学生	层级回归分析	• 在多元文化团队中的工作经历与元认知、行为和动机文化智力以及全球公民身份的发展正相关	由于研究范围宽广，没有针对多元文化团队进行深入系统的研究
Balogh 等（2011）	匈牙利的 1242 名学生	层级回归分析	• 文化智力水平高的学生选择工作时倾向于扁平灵活的组织结构，而非等级制度森严的组织 • 较低文化智力的学生选择工作时倾向于稳定的等级制度森严的组织	该研究把文化智力作为固有不变的个体特质，忽略了个体文化智力的动态发展趋势
Ramalu 等（2011）	马来西亚的 332 名外派人员	层级回归分析	• 社会适应性与动机和元认知文化智力正相关 • 工作适应性与动机文化智力正相关 • 动机文化智力与社会适应性的三个维度显著相关	忽略了考察心理文化适应性的结果变量问题

续表

学者（年份）	研究对象	数据分析技术	研究描述	研究不足
Zhang 和 Oczkowski （2016）	中国和澳大利亚267名外派人员	结构方程模型分析	• 动机文化智力是外派适应性的一个显著预测 • 当从权力距离小的国家外派到权力距离大的国家时，管理岗位的外派人员跨文化适应性越优 • 从权力距离大的国家外派到权力距离小的国家时，非管理岗位的外派人员表现出更好的跨文化适应性 • 文化距离的不对称性是外派职位和跨文化适应之间关系的重要干扰变项	样本量和国家数量方面受调研资源的限制

2.4 跨文化冲突管理

冲突是无可避免的（Jehn，1997），是在任何组织中持续出现的现象（Tjosvold，2010）。跨文化冲突（cross-cultural conflict）是一种不同文化间的相互排斥、对立、否定、矛盾的状态（Rahim & Magner，1995）。

国外对冲突管理的相关研究建立在管理方格的理论基础之上，早期侧重研究冲突的消极影响，新近研究开始关注冲突的积极作用。一方面，国外学者对冲突的消极影响进行了研究，如 Gladstein（1984）、Wall 和 Nolan（1986）的研究均关注冲突带来的负面影响，包括降低生产效率和雇员满意度，产生较高的时间和经济成本，占用组织的时间和资源，导致工作任务不能及时完成，出现员工思维刻板、抱怨倦怠、对顾客的关注减少以及失去瞬时商业机会等问题。另一方面，有学者（Jehn，1997；Leung & Ward，2000；De Dreu & Beersma，2005；Tjosvold，2010）对冲突的积极作用进行了实证，

第 2 章　理论基础与主变量分析

提出通过冲突的有效管理，组织才有机会提高决策质量、增强创造性和改进绩效。冲突会对社会交换产生潜在矛盾的影响（Jehn，1997；Tjosvold，2010）。因为冲突易使人变得情绪化，所以冲突可能在团队间制造人际关系的紧张和痛苦（Amason & Schweiger，1994）；但由于冲突过程中不同意见得以呈现，反而有可能提高最终决策的质量（De Dreu & Beersma，2005）。Tjosvold（2010）也探讨了有意识的冲突情境及冲突管理方式带来的积极功效，发现有意识的合作型冲突管理策略和有建设性意义的争论，比竞争型策略和非建设性意义的争论，更能增强冲突各方的相互依存性并带来积极效果。以上均属于同一文化背景下的冲突管理研究。

此外，还有学者对不同文化背景下的冲突管理进行了实证。如 Sullivan 等（1981）的早期研究发现，集体主义下的日本公司在解决组织冲突方面能够给予员工更大的信任，以洽谈的形式控制冲突，而个人主义引导下的美国公司则恰恰相反，以企业契约仲裁为主导；此外，Ting-Toomey（1999）、Chen 等（2010）、Gelfand 等（2012）的研究均发现亚洲人在处理冲突时更愿意选择回避方式，而西方人则愿意直接面对冲突。

有学者还专门针对中国文化情境下的跨文化冲突管理进行了实证。如 Tsui 和 Farh（1997）、Tjosvold（2010）的研究结果显示中国人肯定冲突的价值，愿意使用冲突管理的方式去解决问题、高效决策，并加强人际联系，在组织中倡导合作性冲突管理，从而促使组织内成员之间和部门之间建立相互信任、相互配合的关系，在冲突中获益。同时，有学者（Ting-Toomey，1999；于静静等，2015）提出公开对抗的冲突管理方式适用于西方文化，但并不适合像中国这样的集体主义社会，中国人趋向于选择规避冲突；因有较强的等级观念，"忠顺"成为中国社会的核心价值观，所以在冲突中中国人习惯于依靠地位较高的第三方来进行冲突管理。但也有学者认为中国传统价值观并不与公开直接面对冲突、管理冲突相抵触。Leung 等（2014）提出集体主义并不会导致回避冲突的结果，而是将对冲突进行公开的、直接的管理。以中国企业文化为背景，对跨文化冲突管理进行的国内研究主要有：姜岩

(2000)、顾卫平和薛求知（2004）、赵曙明和张捷（2005）、陈晓红和赵可（2010）分别从国际化经营活动绩效、跨国并购、企业跨文化能力、协同创新的视角对冲突管理进行了研究。可见，较早的冲突研究结论大多认为采用公开面对的方式可以对冲突进行有效管理，而上述学者认为这种结论未必在中国也是普遍适用的。

国内外学者还针对跨文化冲突进行了类别研究。冲突是在组织运行中必然存在的现象，但冲突的类别不尽相同。冲突会对社会交换产生潜在矛盾的影响（Jehn, 1995, 1997; Pinkley, 1990; Tjosvold, 2006）。一方面，由于冲突的过程中会纳入不同的意见，冲突可能会提高决策的质量；另一方面，因为冲突易使人变得情绪化，所以冲突可能还会在团队间制造人际关系的紧张和痛苦（Amason & Schweiger, 1994; De Dreu & Beersma, 2005）。在对冲突研究的主要历史回顾中，除了上述对冲突类别的划分方法外，国外学者 Deutsch（1980）把冲突分为合作型冲突与竞争型冲突。合作型冲突的特点是在冲突过程中，团队成员对彼此采取友好、信任的态度，把冲突当作一个要通过相互合作努力来解决的共同问题。相反，竞争型冲突的特点是团队成员彼此采取怀疑、敌对的态度，甚至还可能会产生损害他人需求的意愿。Deutsch（1990）认为，就冲突对团队成员关系的影响而言，合作型冲突具有建设性意义，而竞争型冲突则是破坏性的。

该领域另一高被引的权威文献是 Jehn（1997）以任务分配、团队互动、执行过程为依据，又把冲突分为任务冲突、关系冲突、过程冲突三种类别。任务冲突是团队成员对于任务的目的、内容、决定及解决方法等有不同的判断、看法、构思而产生的冲突，以工作为导向。关系冲突是团队成员感到人际关系互相不协调、不一致时而产生的紧张、愤怒、敌意及其他负面情绪，以个体情绪为导向。过程冲突是指团队成员在工作进程中，对于完成任务所用方法、责任划分、资源配置等产生不同意见时而形成的冲突。国内学者姜岩（2000）、陈晓红和赵可（2010）也针对员工间的跨文化冲突、管理方式的跨文化冲突、政治和法律的跨文化冲突、与客户的跨文化冲突以及与合作伙伴的跨文化冲突、企业外派冲突等冲突表现形式进行了类别研究。

对于跨文化冲突影响因素的研究，目前关注较多的前因变量是群体多元性。多元性分为表层多元性与深层多元性。表层多元性是指群体成员人口统计方面的多元性，例如背景、文化、年龄、性别、种族、职能、任期等，而深层多元性则无法通过直接观察得到，比如情感、情绪智力、压力和价值观等。冲突前因变量的早期研究多集中于人口统计的多元性，但是这些多元性和冲突之间的关系存在很多的不一致，因此有些学者开始关注深层多元性。国内学者刘军等的研究表明，在中国文化背景下，这种深层关系同样存在。

具体来说，跨文化冲突爆发的直接结果是外派不适应程度的剧烈变化，如焦虑、恐惧、排斥等，并由此间接引起利益相关者的一致性行动，而导致这些变动的原因就是其形成机理。跨文化冲突的形成机理主要有以下几个方面：

其一，价值观差异是影响跨文化冲突的根本因素。价值观是指个体对周围事物的重要性意义的评价和看法。价值观是后天形成的，由于人的言行举止受到其所生活的社会文化背景的影响，不同的人生活背景和环境不同，在社会化的过程中，学校、家庭以及周围环境会潜移默化向个体灌输本民族的价值取向、传统观念以及对人对事的看法。一般来说，价值观具有相对稳定性和持久性。价值观的差异是各种因素中最难以消除、最根深蒂固的差异，所带来的跨文化冲突给予跨国企业管理者很大的挑战。它是人们对于是非、对错、好坏的基本判断。价值观处于文化最深层，支配着人们的态度、信念与行动。来自不同文化背景的企业员工有着不同的价值观，员工间的冲突本质上是价值观的冲突。国外学者 Hofstede（1980）提出比较不同文化价值观的四个维度，即个体主义与集体主义、权利距离、不确定因素规避、男性主义与女性主义。Hofstede 通过对 53 个国家和地区的价值观分析，发现美国在个人主义方面占首位，马来西亚在权力距离方面占首位，日本在男性主义方面占首位，希腊在不确定性规避方面占首位。此外，英语国家的价值观较接近，亚洲国家的价值观共同点较多。

其二，国家民族文化差异。不同的民族文化拥有不同的民族心理特征。不同的民族文化都有其延续性、独特性以及非物质性的特点，所以导致每个民族间的语言、性格、传统、宗教信仰以及生活习惯都不同。而每个国家都有与自己国家政体相适应的物质文化、精神文化以及社会文化。国家、民族间的差异，很可能导致文化冲突的发生。跨文化沟通障碍的形成首先是认识上的误区。来自不同文化背景的人在沟通过程中易误认为对方与自己相同。一旦发现对方的行为与自己的预期不同时，就会产生失望与困惑，从而导致跨文化冲突。其次是刻板印象。刻板印象是指对于某些个体或者群体属性的固有信念。虽然并没有和某一种文化接触过，但人们可能已经有了一种先入为主的刻板印象（stereotyping）。比如美国人随便、法国人浪漫、日本人努力、德国人严谨等，这些就是刻板印象。刻板印象常使人们过分注重事物的整体印象，却忽视个体间的差异，从而不能客观地观察另一种文化，失去应有的跨文化敏感度（cross-cultural sensitivity）。同时，民族中心主义（ethonocentrism）是跨文化冲突的重要影响因素。民族中心主义是指依照本民族文化的观念和标准去理解和衡量其他民族的文化，如交际方式、行为举止、社会习俗、价值观念及管理模式等。人们在观察异质文化时，常常无意识地用本民族的是非标准对不同文化的事物做出价值判断。以本民族为中心的管理者认为，本国人比外国人更可靠、更聪明，这使得恶性跨文化冲突不可避免。

其三，行为规范差异。行为规范是指被社会所共同接受的道德标准和行为准则，也就是告诉人们该做什么和不该做什么的一种规范。不同文化背景的人在交往时，经常出现的一个现象就是套用自身所在社会的行为规范来判定对方行为的合理性，由于双方的行为规范存在差异，常常会产生误解、不快甚至更坏的结果。比如说中国人轻拍小孩子的头部表示一种友好，而在西方国家，这是一种极不尊重小孩子的做法，父母会对此非常愤怒。不同的文化背景决定了不同的思维和工作习惯，从而造成不同的企业经营方式，也导致经营中的跨文化冲突。思维模式与工作习惯是民族文化的具体表现。所以说在跨文化交际中能否正确地识别和运用行为规范是保证跨文化交际顺利进

第 2 章　理论基础与主变量分析

行的重要因素。要保证跨文化交际的顺利进行，就需要理解对方的行为规范，尤其什么行为是被禁止的，最好的办法就是遵循入乡随俗的原则。企业外派冲突是由于不同的文化形态引发企业内员工的心理或行动上的排斥、斗争或对抗。由于不同的文化形态拥有不一致的行为规范模式，当不同文化存在于同一组织内，而组织却要求统一的思想和行动时，文化冲突便会产生。由于文化具有相对稳定性，所以跨国企业内的文化差异在很长一段时间内是不会消失的，这为跨国企业的经营带来了很大的挑战。跨国企业内文化冲突的形式各异，引发冲突的原因也各不相同。引发文化冲突的各种要素往往会交织在一起，从而造成冲突加剧，使得跨国企业的跨文化管理难度增加。此外，信仰、民族性格、对文化符号意义的理解、对语境的理解、对生活态度的不同，也是跨文化冲突形成的机理因素。

企业外派冲突主要表现形式有：第一，员工间的跨文化冲突。跨国企业员工多元化是指跨国企业职员的构成在国籍、性别、种族、年龄等方面变得越来越多样化，他们在文化传统、生活习惯、教育背景以及宗教信仰等方面存在差异，这些差异极易导致冲突的发生。跨国企业内员工之间由于语言沟通以及思维方式的不同，妨碍了他们在工作中知识的顺利交换，从而导致很大的文化冲突。由于不同民族文化传统所导致员工在生活、工作上的不同行为习惯，也会导致成员之间合作阻碍的增加。另外，跨国企业中某些员工常常具有极强的民族自尊心和自信心，且习惯于按照自己的观点去观察和理解其他文化，难以接受不同文化背景下的工作方法和管理方式，从而导致冲突的产生。第二，管理方式的跨文化冲突。跨国企业由于各个分公司所在的地域、民族、企业规模等方面存在差异，或者公司内部管理者的文化背景不同，会导致管理者之间的管理方式、决策模式以及经营理念等都有较大的差异和冲突。总之，由于跨国企业内部的管理者经营理念不同、决策方式不同、人力资源管理模式不同，必然会导致文化矛盾存在于管理的各个方面。第三，政治和法律的跨文化冲突。由于各国历史发展不同，最终形成的政治和法律体系各不相同。不同国家的政治制度有其特殊性，信奉特殊的理念，政府干预或国际制裁给跨国企业带来很大的影响，主要体现在东道国政府对跨国企业的监管中，不同国家的财产核查、产品质量标准等可能存在不同。此外，东道国还可以修改"游戏规则"，通过改变贸易政策来改变跨国企业的外部经营环境，从而影响其经营活动。跨国企业所面临的法律风险是指与本国不同的法律政策和法律制度所带来的风险，包括税收、环境保护、劳工保护、出口外汇等。忽视法律风险会使跨国企业增加投资的盲目性，加大跨文化管理的难度。第四，与客户的跨文化冲突。客户是企业赖以生存和发展的基础，是企业持续获取利润的源泉。但就跨国企业而言，其客户遍布全球各地，不同地区的客户可能需求不同。如果在所有的地方销售同一种产品和服务的话，必然不会吸引消费者，从而给企业带来巨大的损失。第五，与合作伙伴的跨文化冲突。如果跨国企业选择本国合作伙伴的话，跨文化冲突可能只在小范围内存在；但如果跨国企业选择文化背景和价值观不同的其他地区的合作伙伴，则合作双方的文化需要做出较大的调整，因为如果没有一个新的文化环境，经营管理上的问题就会随之产生，文化冲突将难以避免。

关于化解冲突的机制，有学者对跨文化冲突管理方式进行了总结划分：Rahim（2000）将冲突管理方式划分为回避、迁就、竞争、合作和妥协五种类型；Tjosvold 等（2003）研究则将其归纳为合作、竞争和回避三种类型。本书以 Rahim（2000）的五维度划分为基础，在五种冲突管理方式中，本研究主要集中在合作型和竞争型两种冲突化解策略上的原因有三个：第一，在管理冲突时个体有自己偏好的冲突管理策略（Sternberg & Soriano, 1984），之前的研究显示合作和妥协方式更受面临冲突的个体青睐（Trubisky 等，1991；Lee, 2003），如合作方式是韩国受访者遇到冲突时最常使用的策略（Ting-Toomey, 1999）。第二，文献表明合作型冲突管理方式对销售、生产力和团队绩效产生积极的影响，而竞争方式则产生消极影响（Blake & Mouton, 1964；Lawrence & Lorsch, 1967；Jamieson & Thomas, 1974；Jordan & Troth, 2002）。第三，合作型和竞争型冲突管理方式更受研究者关注，如 Susanto（2010）用印度尼西亚的样本实证了情商与合作和妥协两种冲突管理方式的显著正向关系，但没有研究文化智力与冲突管理的关系。Rahimetal（2001）提出关于冲突管理方式和外派适应之间联系的假设，但未加以测试。其他研究讨论了合作和妥协方式作为冲突解决方案的积极作用（如 Trubisky 等，1991；Hocker & Wilmot，1998；Gross & Guerrero，2000；Lee，2003），但并非针对外派适应而言。基于笔者对中文数据库（维普、知网和万方）和英文数据库（Emerald、EBSCO and ProQuest）的检索结果，从文化智力的视角探索冲突管理方式的选择及其与外派适应的关系方面尚无文献可考。

综上，研究冲突类别的意义在于识别冲突的类型与影响因素，从而选择相对应的冲突管理方法，控制影响因素对跨文化冲突的负面作用。冲突是不可避免的，个体差异、组织差异和国家文化差异对外派冲突有直接影响，应对冲突进行前向预判以避免其消极面的爆发，强化其积极作用，这也是本书立足外派适应性前向视角研究其对跨文化冲突影响的原因。

2.5 文化智力、外派适应性与跨文化冲突三者关系评析

文化智力与外派适应性。近年来，文化智力构念和理论发展为个体差异与外派适应的关系研究提供了一个新思路，国内外学者针对两者的关系进行了理论建模和实证考察。在这一领域高被引的权威文献［以 Emerald 管理学数据库检索为例）包括 Earley（2002）］指出对于动机文化智力较弱的人，适应将不会产生。动机和外派适应性之间的密切关系已经在各种研究中被广泛证实（Ang et al.，2007；Chen et al.，2010；Subramaniam & Ramalu，2011）。Ang 等（2007）研究发现动机文化智力和行为文化智力能够显著预测任务绩效和外派适应中的一般适应维度；Templer 等（2006）研究表明动机文化智力能显著预测外派人员的跨文化适应能力；Subramaniam（2011）研

究发现高元认知、认知和动机文化智力有较好的一般适应和交往适应，高动机文化智力有较好的工作适应。

在国外研究的基础上，国内学者从文化智力的视角探索其与外派适应的关系，但多侧重于社会文化适应性维度。唐宁玉等（2010）的实证研究验证了文化智力量表的构思效度和准则关联效度，证明中文版文化智力量表具有跨文化一致性和适应性，回归分析显示，文化智力对自评的工作绩效和互动适应等有显著影响关系，文化智力对他评的工作绩效和互动适应有一定的预测性。肖芬和张建民（2012）验证了文化智力四维结构具有跨文化一致性，对中文版文化智力量表进行了修订。王泽宇等（2013）研究显示动机文化智力与外派社会文化适应的三个维度（总体适应、互动适应、工作适应）都呈正相关。其中，元认知文化智力与总体适应维度呈正相关、认知文化智力与互动适应维度呈正相关。

可见，国内外学者目前对文化智力与外派适应之间关系的研究多集中在外派适应中的社会文化适应维度，少有关注文化智力对外派者心理文化适应性的研究。心理文化适应是外派适应性的重要组成部分，单纯的社会文化适应并不能代表外派适应性的全景。故本书基于文化智力的视角涵盖社会文化适应与心理文化适应两个层面的研究将更科学的解释文化智力对外派适应性的影响作用。

文化智力、外派适应性与跨文化冲突。目前以文化智力和外派适应性为前因变量对跨文化冲突类型、管理方式、频率和强度进行系统性前向视角预判研究的实证文献尚乏善可陈。已有国内外研究多从后向视角针对跨文化冲突进行了丰富的理论分析和模型构建。国内学者姜岩（2000）、顾卫平和薛求知（2004）、赵曙明和张捷（2005）、陈晓红和赵可（2010）分别探讨了跨文化冲突的现状机理，以及如何通过疏导克服冲突带来的文化休克以实现文化融合和文化适应，并针对不同目标群体进行了跨文化管理理论分析和模型构建。国外高被引权威学者 Jehn（1997）、Andreason（2003）、De Dreu 和 Beersma（2006）亦从后向视角利用人为选定危机冲突样本进行了外派适应性的实证研究。Rahim 和 Magner（1995）提出了冲突管理方式和外派适应性之间联系的假设，但未加以实证。

由于跨文化冲突的强危害性和不可避免性，故建立在冲突爆发后的后向研究实用性和参考性有限，而本书立足文化智力和外派适应性对跨文化冲突进行的前向预判研究将更符合冲突应对的实际需要。

2.6 总结评述

综观国内外已有的外派研究，无论在理论建模方面还是实证分析方面，都取得了丰硕成果，这些为本书的后续开展奠定了良好基础。但相关研究仍然在形成机理分析、模型构建与优化、跨文化冲突预判以及文化距离的度量使用等方面存在不足，当前的研究还可以继续深化，具体如下：

第一，当前把文化智力、外派适应性、跨文化冲突结合起来的研究较少，但它们之间存在紧密关联。既然冲突是不可避免的，中资企业国际化的要务之一就是准确预判并妥善化解跨文化冲突以避免外派失败。对冲突性质、类型、强度和频率的预判和应对依赖于对外派个体和群体适应性的深度考察，而外派者的文化智力水平是其在东道国实现社会文化和心理文化适应的关键。故立足文化智力的外派适应性研究对跨文化冲突的预判和应对十分必要。回顾已有关于跨文化冲突的文献，更多的是利用人为选定危机样本进行的后向视角研究；但不同于一般的外派适应性影响研究，由于跨文化冲突的强危害性和不可避免性，故建立在冲突爆发后的后向研究实用性和参考性有限，而本书立足文化智力、外派适应性和文化距离不对称性对跨文化冲突管理方式、冲突类型、频率、强度进行预判前向研究，将更符合冲突应对的实际需要。

第二，已有外派适应性研究主要关注社会文化适应的三个维度概念、特征、内涵等方面，对心理文化适应的研究较少，尤其是结合心理文化适应性对跨文化冲突进行管理学的解释等方面的系统性研究更是乏善可陈。而心理文化适应作为外派适应性的核心环节，对于预防、控制和应对重大的跨文化冲突具有至关重要的作用，决定着企业国际作业的成败。对此，本书结合心理文化适应和社会文化适应两方面着手进行较为全面的理论分析，拓宽研究视角。在外派适应理论研究上，已有文献更多侧重于跨文化适应的分类界定、个案分析及其理论解释，研究深度与广度尚显不足，尤其是关于外派冲突与适应的形成机理及其管理学解释等方面的系统性研究更是乏善可陈。对此，本书从外派冲突与适应的现实特征与形成机理两方面着手进行分析，为后续模型构建与应用提供一定的依据。

第三，对于宏观文化环境的考察，已有研究更多的是立足于对称性文化距离的假设进行统一的建模与实证，还停留在静态阶段，尚未考虑外派的动态文化流向差异导致的文化距离不对称性因素，单层次立足文化距离给出简单建议和意见，其具备的理论性、政策性与系统性较低，故本书将研究宏观动态外派文化流向与中观组织外派岗位差异的交互调节作用，进而预测外派冲突，提出应对策略。此外，已有研究更多的是立足一般个体稳定的人格差异进行统一的建模与实证，在应对文化差异导致的冲突管理方式的策略研究上，现有研究更多的是静态的立足实证结论给出建议和意见，其具备的理论性、政策性与系统性较低，故本书还将具体对变化的外派环境和变化的个体差异进行预测，动态研究不同文化流向下外派冲突的分层应对策略。

第四，对外派适应性与跨文化冲突的实证研究，国内外现有研究对象更多侧重于中高层管理者个案分析及其理论解释，少部分应用于制造业劳务派遣，而对于更多层面的中小层管理者和技术型非管理层外派人员的研究甚少，其研究的深度与广度尚显不足。针对各类外派人员进行一样的考证，忽略了不同个体差异和外派岗位差异导致的适应性和冲突类型差异，这也是本书对各类管理层和非管理层多主体研究对象进行系统分类对比描述的部分原因。

第五，已有模型均立足于基础模型，通过模型局部改进满足冲突和距离的含义进而建模和应用，遵循的是"基础模型→改进模型→实际运用"的研

第 2 章　理论基础与主变量分析

究路线。其优点在于存在完善的求解方法和检验程序，但也因此导致了最终测度模型实际适应性内涵不明确、无法全面诠释文化差异与外派冲突的形成机理、预判结论可信度较低等不足。且已有很多外派适应性和跨文化冲突定性研究，定量分析的也有一些，但是使用的方法较为传统和单一，主要有模糊综合评价法、层次分析法、层级回归分析、DEA 方法等，这些研究方法虽然在一定程度上解决了适应与冲突的分析问题，但是研究结果带有一定的主观性。本研究尝试使用一些前沿的定量和定性研究方法，例如非参数结构方程模型方法和定性比较分析法等，并以"实际内涵→动态关系模型构建→实际运用"为研究路线，构建一个更匹配、更科学的外派冲突预判模型。

第 3 章 研究假设与模型构建

基于前文对文化距离不对称性、外派适应、文化智力与跨文化冲突要素方面文献的评述和分析，本章将进一步发展理论、提出研究假设并进行模型构建。为系统探索外派适应，本章展开三个层面的分析，即微观层面上文化智力的个体差异、中观层面上的组织职位状态和宏观层面上的文化距离不对称结构。本书是跨文化适应领域中首个将这三个组成部分联系起来的研究，本章集中介绍了与理解外派适应过程相关的三个组成部分的性质和相互关系效应的大量文献基础。具体来说，本章首先围绕外派适应、文化智力、文化距离和冲突管理四个主变量的相关研究进行解读，继而完成相应假设的提出和模型的构建。基于前面对外派适应与跨文化冲突要素的分析，提出了以下几种主要的关系假设：即文化智力（包括元认知、认知、动机和行为四个维度）与外派适应（包括社会文化适应和心理文化适应）正相关；文化智力与合作型跨文化冲突管理方式正相关以及文化智力与竞争型冲突管理方式负相关；合作型冲突管理方式正向影响外派适应以及竞争型冲突管理方式负向影响外派适应；跨文化冲突管理方式在文化智力和外派适应之间起中介作用；文化距离在外派人员文化智力与外派适应之间起动态调节作用；外派适应性是外派跨文化冲突的有效预测变量，这些假设在后续章节中将加以一一验证成立与否。最后结合宏观国家文化差异、中观组织差异与微观个体差异三个层面研究具体的主变量动态关系，并构建出主变量关系模型框架，该框架为下一章的实证研究设计铺陈了架构基础。

3.1 基于个体文化智力的外派适应性研究

如前文所述，已有研究在考量宏观环境对个体文化智力与外派适应之间关系的影响时，更多的是立足于社会文化适应性单一层面和静态文化距离的假设进行统一的建模与实证，忽略了心理文化适应层面和国际作业动态的文化流向差异导致的文化距离不对称性因素。故本书立足文化智力的视角，囊括社会文化适应与心理文化适应两个层面的研究，并重点研究宏观动态外派文化流向与中观组织外派岗位差异对个体文化智力与外派适应性二者间关系的交互调节作用，以解释外派适应性规律特征，进而为后续基于外派适应性的跨文化冲突预判研究提供依据和本质参考。

3.1.1 文化智力与外派适应性的关系分析

文化智力对于外派适应的意义在于：第一，文化智力是普遍性个体能力，且不同的人其文化智力水平有所不同，因而它在预测外派适应性方面是区别个体差异的有效特征；第二，文化智力源于跨学科研究，包括跨文化心理学、跨文化人类学、跨文化交际学、跨文化管理学，其理论基础对于外派人员跨文化外派适应性的作用广为认可并受到实践检验；第三，文化智力是一种动态能力，不同于相对稳定的一般智力和情绪智力，可以通过跨文化培训、跨文化接触等有效手段进行干预和提高，对动态变化的外派适应过程具有预测作用；第四，高文化智力的外派主体能有意识体验自然和人文环境变化及差异所造成的困难和冲突，对所处环境中的不确定性表现出更强的忍耐力和意志力以及更高的持续动机，故更有可能战胜外派初期的心理挫败，更有可能在外派适应性的双元或多元文化关系构建中避免不安全文化行为，更有可能理智识别并理解自身情绪，更有可能主动改善与他人的关系，而关系的改善会反过来促进外派适应性。综上所述,文化智力(包括元认知、认知、动机和行为四个维度)与外派适应(包括社会文化适应和心理文化适应)应呈正相关关系,由此提出假设 1。

假设 1　文化智力与外派适应正相关。

3.1.2　文化距离对文化智力与外派适应二者关系的调节效应分析

国家文化距离在管理学研究中一直被作为重要的宏观环境变量。笔者前期研究表明在考虑文化差异的影响时,也应考虑到国际作业文化流动方向的动态变化的调节效应,这是对文化距离概念的深层探索,也是本书研究的重点,从以下两方面展开:

第一,文化流向分类依据的选取。在考虑国际作业文化流向要素时,需要涉及国家文化的分类界定,对此,项目选取外派研究中的前沿文化松紧度理论(Triandis,1994;cultural looseness-tightness)作为国家文化分类界定的依据。文化松紧理论提出文化的紧严与松宽对个体极具影响,即在同质性高的紧严文化中,群体要求个体遵守群体规范,对于偏离群体规范的行为给予极大的惩罚和心理压力;在异质性高的松宽文化中,群体规范没有那么清楚和紧严,可以容忍个体有不同程度的偏离。紧严—松宽维度作为国家文化差异的重要分类模型之一已被管理学研究应用。例如,Triandis(1994)将日本定义为紧严保守型文化,将泰国定义为松宽文化;Gelfand 等(2011)对 33 个国家的实证研究表明,乌克兰、爱沙尼亚、匈牙利和以色列的文化是最为松宽的,而巴基斯坦、马来西亚、印度和新加坡是 33 个国家中最为紧严保守的。

第二,基于特质激活理论的理论推导。本书引入特质激活理论(Tett & Burnett,2003)来预测外派任务的文化流动方向对文化智力和外派适应性之间的动态调节作用。品质激活理论认为个体在能激活他们的特定环境中工作表现更好。由此,笔者推论当文化环境从松宽到紧严,当文化流向未能激活相关的特质以适应跨文化互动时,会减弱文化智力与外派适应性的关系效应;

而当文化环境从紧严到松宽,当文化流向可以激活相关的特质以适应跨文化互动时,会增强二者之间的关系效应。上述讨论便于笔者理解文化距离在外派人员文化智力与外派适应性之间的动态调节作用。

之前的一些研究(Church,2000;Mendenhall & Oddou,1985;Osland et al.,2006)认为,更大的文化距离将会增加适应的难度,然而,本研究着重检验非对称文化距离对个体差异和适应之间关系的影响。Brewster 等(1993)对文化非对称性的定性研究以及 Selmer(2007)对文化非对称性的定量研究都认为,文化距离对跨文化适应性的挑战可能并不对称。Brewster(1993)等的定性研究通过使用在瑞典的英国外派经理和在英国的瑞典外派经理的样本来研究英国和瑞典的管理文化。从访谈、焦点小组和案例研究中收集的定性数据显示,瑞典的外派个体很容易适应更为专制的英国文化,而英国籍的外派经理则表示他们对于瑞典缺乏专制的管理方式不太适应,而且瑞典人的咨询方式效率低下。从这些外派个体经验来看,外派经理对互惠转移的适应程度并不相同,并且受到东道国环境中集权主义程度的影响(Brewster et al.,1993)。Selmer(2007)的定量研究也支持了与 Brewster 等(1993)的定性研究中类似的不对称定位。Selmer 等(2007)的研究使用了外派德国的美国人和外派美国的德国人两个流程样本。研究发现,在相同样本组中所有调整变量之间存在相当大的组间差异。在美国的德国外派人员在社会文化和心理上比在德国的美国外派人员适应调整得更好。而结果提供了直接的证据反对文化距离对外派适应影响的对称假设。然而,Selmer(2007)指出,迫切需要更加严格的、重复的高度探索性研究,以确定结果是否适用于来自不同文化的外派人士。换句话说,在考虑文化差异的影响时,也应考虑到文化流动的方向。Shenkar(2001)指出,"距离"意味着"对称性",它在文化应用中隐藏了其在母国和东道国的不同角色,并将公司和环境混淆为"可以通用的"。也就是说,本领域许多现有学者都是基于对称文化距离影响的不合理假设,比如,假设从国家 A 派遣到国家 B 的外派人员,面临从国家 B 派遣到国家 A 的外派人员相同的障碍。如果"增大的文化差异将增加适应困难性"的对称假设成立，则对双向流动转移的企业外派人员的社会文化和心理文化适应方面没有差别。然而，现有的实证证据似乎不支持文化距离的对称假设。

Shenkar（2001）和Selmer等（2007）分别质疑了不受支持的文化距离对称度量，表明通过使用文化距离作为适应的预测因素，许多研究者忽视了任务分配所需的适应方向。因此，文化距离不对称（CDA）的构造是基于文化距离的可能不对称的影响而改进和概念化的，而这种文化距离取决于外派人员外派任务的文化流动方向。

同时，紧严—松宽（Pelto，1968）作为文化距离理论中具有重要意义的一个维度，解释了文化之间存在着相当大的差异。传统保守型的文化是那些规范被明确界定的文化，这种文化对偏离规范的情况容忍度很低，而松宽型的文化是指那些规范并没有被明确界定，对偏离规范的情况有充分容忍度（Boldt，1978；Triandis，1996）。作为这方面的两个极端例子，Triandis将日本称为非常紧严保守型的文化，将泰国称为相对松宽型的文化。紧严—松宽作为跨文化差异的一个分类模型应用已被许多研究者证明（Triandis，1996）。

笔者认为，外派管理人员在双向转移方面所做的适应程度并不相同，并且受到东道国环境中紧严—松宽程度的影响。随着国际任务文化流动方向的改变，元认知意识、文化知识、动机和文化适当行为的个体差异可能在文化距离的背景下作为最重要的个体差异出现（Tett & Burnett，2003）。文化智力（CQ）作为个体特征表现的重要组成部分，根据文化流动的方向，对外派人员的适应将产生更强或更弱的影响。例如，当一个外派人员（来自一个松宽的文化环境，例如泰国）到一个紧严的环境（例如日本）时，该个体可能会遇到严格的规则和规范以及紧严文化中上下级间更大的差异环境。在这种情况下，需要更多的准备计划来帮助外派人员去适应从松宽文化到紧严文化的转变，依次来开发更高水平的文化智力，以便容忍高度集权和严格的规范。上述讨论便于笔者理解文化距离不对称性对文化智力和适应关系的可能调节作用的假设，使得当文化背景松宽而不是紧严保守以及当文化语境激活与特征相关的线索时，个体特征可能对个体决策、态度和行为具有更强的影响。由此提出外派过程中文化距离不对称性对于文化智力和外派适应之间关系的调节效应表现为当动态文化流向从松宽到紧严环境时，文化智力对外派适应正向影响力加强。

相比之下，当来自紧严文化环境（例如马来西亚）的人被外派到更为松宽的环境（例如中国）工作时，他们的自我效能水平可能通过更容易的上下级间相互作用得到提升。这是因为松宽文化可以适应平等主义、个人价值和更多自由（Georgas & Berry, 1995）。外派人员在进行日常技术、职能或业务工作时，将面临相当少的差异，对偏离规范有更高的容忍度，以及更少的组织内部权力集中化（Tsui & Farh, 1997）。因此，从紧严文化到松宽文化的外派人员可能比相反方向遇到更少的适应障碍。与此同时，外派人员拥有更大的个人价值、更多的自由以及对偏离更大的容忍度，允许环境设定和工作角色适应外派活动，而不是要求外派人员适应工作环境，这的确有助于适应过程。基于上述分析，文化距离不对称性对于文化智力和外派适应之间关系的调节效应表现为当动态文化流向从紧严到松宽环境时，文化智力对外派适应的正向影响力应削弱。综上提出文化距离不对称性对于文化智力和外派适应之间关系的调节效应表现为当动态文化流向从松宽到紧严环境时，文化智力对外派适应正向影响力加强；而当动态文化流向从紧严到松宽环境时，文化智力对外派适应的正向影响力削弱。

基于这一初步推论，笔者接下来将进一步讨论文化距离不对称性对于文化智力和外派适应之间关系的调节效应是否受重要岗位要素的影响，即文化距离不对称性在紧严文化和松宽文化情境中由外派组织岗位引起的差异性现象。

3.2 文化距离与外派岗位的交互调节效应

3.2.1 外派岗位与文化流向的交互调节作用

基于管理授权理论的理论推导,外派岗位和文化流动方向之间可能存在重要的交互调节作用。了解这种动态互动效应有助于国际人力资源管理的甄选和培训工作。根据管理授权理论(Crossland & Hambrick,2011),管理岗人员在紧严文化中拥有更大的自由裁量权,更有可能采取"涉及资源控制(权力基础)的战略",其管理程序更有影响力,其权力基础以及行动和决策依据很少被质疑;而松宽文化中的管理岗人员更多趋向民主参与式决策,如果使用激进的战略行动和独裁的决策则更容易受到审查。以如下现实观察为例:①当非管理层外派主体的母国是松宽的文化环境(如泰国)到一个紧严的环境(如马来西亚)时会面临紧严文化中更严格的等级差异,在这种情况下,需要更高水平的文化智力去适应从松宽文化到紧严文化的转变;②当管理层外派主体的母国紧严的环境(如马来西亚)到松宽的文化环境(如泰国)时会面临松宽文化中更扁平的组织架构,在这种情况下,亦需要更高水平的文化智力去适应从紧严文化到松宽文化的转变。

3.2.2 四极交互调节效应

岗位是跨文化适应过程中一个重要的组织因素(Zhang & Oczkowski,2016)。岗位级别较高的外派人员往往会拥有更多的自由和权力,因此,对资源配置有更好的控制和更大的权限。例如,当管理岗外派人员有需要时,可能就会有额外的预算和优越的自主权去采取应对策略以满足需求,而非管理岗人员由于资源有限、岗位权力小,可能没有如此多的应对方案(Caligiuri

& Cascio，1998）。管理岗外派人员可能会经历潜在的变化，即从运用符合母国传统文化的领导方式到运用新环境中更为协调的领导方式。在研究相关文献时，基于外派人员在组织中的岗位水平与外派适应之间关系的研究乏善可陈。在有限的文献中，Caligiuri 和 Cascio（1998）提出，组织内岗位较高的女性外派人员可能在跨文化中适应得更好。之后，Caligiuri、Joshi 和 Lazarova（1999）使用了一个由 38 位女性组成的样本，在全球分配下，对影响女性外派适应的因素进行实证研究。他们发现，在组织中，岗位较高的女性外派人员比那些岗位较低的更适应异质文化环境。最近，Zhang 和 Oczkowski（2016）的实证研究表明，从澳大利亚外派到中国的管理人员比非管理人员有更好的跨文化适应；而从中国外派到澳大利亚的非管理人员比管理人员的跨文化适应更好。以上研究表明，个体的文化智力水平、组织岗位与更广泛的外部文化流动之间可能存在着相互作用。

根据管理判断理论（Hambrick & Finkelstein，1987），紧严文化中的管理岗外派人员可能拥有更大的自由裁量权，其管理程序更有影响力，并且不太可能质疑决策者及其行动依据；而松宽文化中的管理岗外派人员不那么居高临下，拥有较少的决策权，而且激进的战略行动更容易受到审查（Crossland & Hambrick，2011）。个体岗位状况会对权力的看法产生影响（Carson，Carson & Roe，1993），下属对其上级岗位和权力的看法可能会影响其工作态度和表现（Caligiuri & Cascio，1998；Caligiuri & Lundby，2015）。岗位较高的人更有可能采取"涉及资源控制的战略"（权力基础）（Stahelski & Payton，1995）。因此，岗位和文化流动之间可能存在相互作用。了解这种互动效应有助于选择和培训有能力的外派人员。对于那些可能会由于母国文化环境而造成更高程度适应困难的外派人员来说，他们需要在文化智力和国内支持方面接受更广泛的出发前培训，以便更好地适应外派环境，提高绩效水平。当外派经理从松宽文化到紧严文化时，管理层个体将拥有必要的权力、地位和权威，促进跨文化适应。因此，相对于从紧严文化到松宽文化来说，管理外派人员所面临的适应困难要小得多；当习惯于紧严文化中权威决策方式的管

第3章 研究假设与模型构建

理人员被外派到集权程度低的松宽文化环境时,因为专制较少、风气更自由平等,管理者的权威、自由裁量权和地位可能易受到挑战。因此,假定紧严文化对管理外派人员造成相对多的适应困难,并且需要更高水平的文化智力来适应松宽环境;相反则较易;从松宽文化外派到紧严环境的非管理外派人员会在上下级间面临更大的差异。例如,在中国这样的紧严文化中,个体不能在没有经理参与的情况下做出组织决策(Adler,1997)。外派人员需要更高水平的严格性训练以容忍高度集权,并面对独裁领导方式的挑战;而当非管理人员从紧严文化外派到更自由的松宽环境时,他们的自我效能水平将通过上下级间更容易的相互作用而显著增强。他们将面临较少的潜在差异、较低的集权和更多的平等主义,换言之,当适应紧严文化时,相对于管理人员,原生于松宽文化的非管理外派人员可能面临较少的困难。

基于上述讨论,笔者初步提出一个四极交互调节效应的构想,以理解这种岗位级别和文化距离之间可能的交互作用及潜在相关变量对适应性的影响:①从等级取向淡薄的松宽文化外派到紧严环境时,外派非管理层外派人员将面临更大的上下级差异,需要更密集的文化智力的培训以适应高度集权领导方式的挑战;②当非管理人员从紧严文化外派到自由平等的氛围松宽环境时,自我效能水平将通过上下级间平等互动而显著增强,故原生于松宽文化的非管理层外派人员在此一文化流向接受外派任务时面临较少适应性困难;③当管理层外派人员从松宽文化到紧严文化时,东道国的紧严文化环境将赋予其多于母国的管理授权、地位和权威,促进其适应性,故外派管理层人员在此一流动方向时面临较少适应性障碍;④原生于紧严文化中权威专制决策方式的管理层个体到集权程度低、个体权利意识明显的松宽文化环境时,东道国环境将对其造成更多适应性困难,因而此一流动方向对个体文化智力的要求更高。故笔者提出外派岗位和文化流动方向之间存在重要交互作用的假设2a、假设2b。

假设2a 当管理层人员从松宽文化环境外派到紧严文化环境时,所面临的适应性困难相对较少,文化智力对外派适应正向影响力加强。相反,从紧严文化环境外派到松宽文化环境时,所面临的适应性困难增多,需要更高层次的文化智力，文化智力对外派适应正向影响力减弱。

假设 2b　当非管理外派人员从松宽文化环境外派到紧严文化环境时，所面临的适应性困难相对较多，需要更高层次的文化智力，文化智力对外派适应正向影响力减弱；相反，从紧严文化环境外派到松宽文化环境时，所面临的适应性困难减少，文化智力对外派适应正向影响力加强。

不同于一般的冲突，外派冲突在跨文化差异的冲击下其爆发将更加急剧，由此导致的外派失败现象也更为显著、影响范围更广、破坏程度更高，故立足外派跨文化适应性的基础研究对跨文化冲突进行预判和应对将更符合现实需要。本书接下来从跨文化冲突中介效应、冲突类型、冲突管理方式方面进行基于外派适应性的跨文化冲突预判研究。

3.3　跨文化冲突的中介效应

文化智力对外派适应性的影响很可能与冲突主体（包括个体和群体）在冲突发生时所采取的冲突管理方式有关，故笔者从以下两方面对跨文化冲突的中介效应进行预判：

3.3.1　冲突管理方式与外派适应性关系分析

解决冲突的满足感能增强外派适应性的程度，合作型冲突管理方式趋于正向影响外派适应性，竞争型冲突管理方式趋于负向影响外派适应性。跨文化冲突中采取合作型管理方式将带来信息交流及开放式讨论，妥善地处理双方之间的差异，有助于找到新颖、互惠互利的解决方案，高效地解决问题，从而正向影响外派适应性。而竞争型冲突管理方式指冲突主体将冲突看作互相对立的意识和利益，为了实现己方利益可以牺牲他方利益。这种对抗型的冲突给双元或多元文化关系构建增加了不安全文化行为，对人际关系具有破坏性，会造成认同感和人际关系障碍，带来外派主体不适应。

3.3.2 冲突管理方式在文化智力和外派适应性之间的中介作用分析

高文化智力的主体能够通过高水平的认知文化智力促成对恰当的管理冲突策略的选择，以改善其外派适应性的程度，更有可能选择合作型策略而避免竞争型策略以确保外派冲突的有效预防；相反，低文化智力的个体更趋于采取竞争型冲突管理方式，造成外派不适应。由此，本章初步提出假设 3 跨文化冲突管理方式在文化智力和外派适应性之间起中介作用。具体进一步推导如下：

（1）文化智力与跨文化冲突。笔者将文化智力作为冲突管理方式的前因变量之一，基于以下理由：首先，高文化智力的个体会将移情效应作为构建关系的基础（Earley & Peterson，2004），该特征能鼓励个体在解决冲突时考虑其他人的利益，故高文化智力的个体在跨文化冲突中更有可能倾向于选择双赢或共赢的解决方案以满足每一个体的利益。其次，高文化智力的个体在冲突爆发时能熟练地预估他人行为和行动（Thomas & Inkson，2004），并更好地管理和控制自身情绪和顾及他人的情绪，这种控制自身情绪的能力源于个体认识到他人需求的存在（Caligiuri & Lundby，2015）。故通过合作型冲突管理方式谋求共赢的方案就会成为想要满足多方利益和解决冲突的高文化智力个体的优先选择。由此提出文化智力与合作型跨文化冲突管理方式正相关。

相反地，竞争型冲突管理以输赢为导向，一方通过强制行为使自身处于有利地位，过于关注目标的达成而忽视了其他各方的需求和期望，表现为信息独享、权力支配、竞争、将自身观点强加于对方、不尊重对方观点和努力及对其他解决方案持负面态度。本书认为，高文化智力的个体在跨文化冲突中更少可能采取竞争型冲突管理方式，因为高文化智力的个体应该能够在无认知层面警觉到竞争方式的负面效果，成为双方有效合作及任务完成的障碍，降低组织活力与凝聚力。由此提出文化智力与竞争型冲突管理方式负相关。综上提出假设 3a。

假设 3a　文化智力与合作型跨文化冲突管理方式正相关，而与竞争型冲突管理方式负相关。

（2）跨文化冲突管理方式对外派适应的影响。冲突会破坏组织性能（Robbins，1991；Dyck et al.，1996），但冲突如果能被妥善管理，却能促进外派适应，因为冲突的有效管理能"减少群体思维现象，增加深思熟虑的判断，丰富可供选择的多种解决方案"（Jehn，1995）。解决冲突的满足感能增强外派适应的程度。合作型冲突管理方式表示，外派人员将冲突看成存在差异的观点和表现，为了达到双方的共同利益，大家共同参与解决这些差异，做出使各方都满意的有效决策。在这个过程中，外派人员与公司人员之间的关系质量将会得到提高。跨文化冲突中采取合作型管理方式将带来信息交流及开放式讨论，妥善地处理双方之间的差异，有助于找到新颖、互惠互利的解决方案，高效地解决问题，从而正向影响外派适应。同时，合作型冲突管理方式也会影响到外派人员对冲突的认知，他们会意识到有些冲突是必然的、良性的，有时候是可以推动公司人员之间关系和个体外派适应程度的，故合作型冲突管理方式正向影响外派适应。

然而，竞争型冲突管理方式则表示，外派人员将冲突看作互相对立的意识和利益，为了达到自己的目的而不顾冲突带给对方的影响。这种不相容的立场会对公司内部的人际关系造成破坏，相互之间没有沟通，从而造成极大的文化不适应。同时，竞争型冲突管理方式还会使得外派人员误以为冲突一旦出现只有破坏性，会造成公司人员之间人际关系的不和谐，相互之间没有认同感；外派人员只对自身的利益高度关注，甚至为了实现自己的利益可以牺牲他人利益或者公司利益。竞争型冲突管理方式增加了双方之间的冲突，在这种对抗型的冲突关系中，给双元或多元文化关系构建增加了不安全文化行为，会负向影响外派人员的社会文化和心理文化适应，故竞争型冲突管理方式负向影响外派适应。由此，提出假设 3b。

假设 3b　合作型冲突管理方式正向影响外派适应，而竞争型冲突管理方式负向影响外派适应。

3.4 外派适应性与跨文化冲突类型预判

在冲突预判的过程中需要考虑跨文化冲突类型与外派主体适应性维度差异间可能存在的联系。①心理文化适应程度与冲突类型分析。当外派主体心理文化适应程度低，即幸福满意度低、抑郁和焦虑的现象多，而且长时间持续，其诱发冲突的类型更有可能首先趋向关系型冲突。之前国外学者 Ward 和 Kennedy（1994）在对外派到新西兰的政府雇员的研究曾发现，对母国文化强烈的认同与心理文化不适应相联系，该研究对于笔者思考外派主题适应性层面与冲突类型间的关系具有启示作用。②社会文化适应程度与冲突类型分析。当外派主体社会文化适应程度低，即不能适应东道国工作、一般生活和互动等方面存在困难，但只要其心理文化适应方面能接受包容东道国文化价值观，其诱发冲突的类型更有可能首先趋向任务型冲突而非关系型冲突，包括国外公司中面临的工作任务上的冲突，如适应新工作的要求、适应新公司的管理与新领导的风格等方面的任务型冲突。③外派主体适应性程度的界定。下一章将分别量度社会文化适应和心理文化适应两个外派适应性维度信息方面的数据，可以将 5 点李克特量表（1 = 非常不适应；5 = 非常适应）中呈现 1~2 分段特征的数据划分为社会文化不适应和心理文化不适应的外派主体，将 4~5 分段特征的数据划分为适应程度高的外派主体。

具体而言，在冲突预测过程中需要考虑事件影响与外派主体间影响两种外部环境影响，而这些影响又与外派群体自身的素质有关。根据 Ward 等（2000）的观点，外派群体的自身素质体现在外派适应上，可以分为两个维度，即心理文化适应和社会文化适应。心理文化适应主张反映的基础是情感，认为跨文化主要影响的是身心健康和主观幸福感。在跨文化经历中，如果缺少产生负面心理的现象，就说明心理上已经达到了适应状况。Ward 和

Kennedy（1994）在对外派到新西兰的政府雇员的研究中发现，对母国文化强烈的认同与心理文化适应相联系。

从根本上来说，通常有两个标准来判断外派人员在异质文化中是否能适应。

其一，所谓的相对标准，即个体心理反应标准（刘俊振，2008）。外派人员的文化不适应将导致冲突的产生。Wall 和 Nolan（1986）以及 Pinkley（1990）根据冲突的内容，分别以人和事为关注对象时，会使所研究的冲突对象也有所不同，在此基础上对冲突进行分类，就可以将其分为任务型冲突和关系型冲突两类。关系型冲突是指组织成员之间存在个性、价值观等方面的差异，这些差异引发成员之间的敌对、抵触、紧张和愤怒等负面情绪。

Kealey（1989）认为外派适应既能产生正面的心理反应，也会产生负面的心理反应。正面的心理反应包括满意感、自我效能感等，而负面的心理反应会产生抑郁、焦虑等现象。外派人员在不同文化环境下工作生活，不仅会有正面积极的、肯定的心理产生，也会有负面消极的、否定的心理产生。当个体的幸福满意度高、抑郁和焦虑的现象少，而且能长时间持续，就表示心理文化适应的状态良好。因此，心理反应是衡量文化适应是否良好的重要标准（刘俊振，2008）。国内学者刘俊振（2008）整合了 Ward 和 Kennedy（1996）以及 Black 和 Stephens（1989）的分类形式，将外派人员的跨文化适应分为四类：工作适应、一般生活适应、互动适应以及心理文化适应。由此提出心理文化不适应的外派群体趋向关系型冲突。

社会文化适应是指适应当地环境的能力，例如是否能与当地人顺利沟通等，对当地文化强烈的认同与社会文化适应相联系。工作适应、一般生活适应和互动适应属于社会文化适应。工作适应是指外派人员在国外公司中面临的工作任务上的适应，其中包括适应新工作的要求、适应新公司的管理与新领导的风格等；一般生活适应是指对在所派往国家中新环境下的基本生活层面，包括衣食住行等方面的适应；互动适应是指与当地人互动、彼此沟通交往的适应。而任务型冲突正是组织成员对于任务存在不同的理解和认识。

第3章 研究假设与模型构建

其二,所谓绝对标准,即社会文化标准,是指若外派人员在认知、行为、价值观等方面表现出不同于大多数人,就可以判断为社会文化不适应。这里的大多数人,指东道国的当地人员,以及其他适应良好的外派人员。当然,从社会文化标准的角度来判断个体是否适应异质文化并不是全无问题的,比如大多数人的状况未必能代表适应良好的状况。但从另一个角度来说,如果外派人员不能很好地与当地社会文化标准有效匹配,也就很难与当地人员进行互动交往,这就会影响他们更好地进行跨文化适应(刘俊振,2008)。根据上述论述,社会文化不适应的外派群体趋向任务型冲突。综上提出假设4。

假设4 心理文化不适应的外派群体趋向关系型冲突,而社会文化不适应的外派群体趋向任务型冲突。

3.5 外派适应性与冲突管理方式

基于以上跨文化冲突类型预判的基础假设,下文将从冲突管理方式角度研究外派适应性对跨文化冲突预判的影响。

3.5.1 外派主体总体适应性分类与主体特征描述

首先笔者从获得的大样本数据中界定两类外派主体:总体适应程度高的外派主体包含在社会文化适应和心理文化适应两个维度信息方面均能在外派适应性5点李克特量表中呈现4~5分段特征的数据,这类外派主体应在跨文化环境下拥有幸福感和心理满足感、生活适应、工作适应以及与东道国居民社会交往适应等方面均游刃有余;而总体适应程度低的外派主体包含在社会文化适应和心理文化适应两个维度信息方面均在外派适应性5点李克特量表中呈现1~2分段特征的数据,这类外派主体往往无法充分认知及解决在获得信息、了解事实上双方的价值观差异、认知差异、目标差异、角色差异、时间观念差异、组织成员之间地位或资格的差异、管理或被管理风格的差异，以及个体文化与组织文化间的差异，从而造成信息沟通上的障碍和任务的不确定性。

3.5.2 外派主体冲突管理方式偏好分析

对于外派适应性与跨文化冲突管理方式预判，根据 Deutsch（1973）的观点，冲突是阻止冲突主体实现自己目标的冲突主体之间的不兼容行为。无论是在竞争还是合作的情形下，主体间的不兼容行为都有可能存在，冲突主体的期望、互动和行为结果会受到他们对竞争目标与合作目标不同认知的影响。在此基础上，根据冲突的性质和效应，可以分为合作型冲突管理方式与竞争型冲突管理方式。冲突也存在正面效应，冲突虽然不利于社会稳定，但其对社会发展也具有推动作用。在 Coser 提出的安全阀理论中，合理合法的冲突解决机制可以为社会中的不满情绪提供释放途径，从而化解积怨，进而缓解冲突主体间的敌对情绪，以实现对冲突的缓解或消除，也就是说，更为激烈和严重的冲突可以通过相对缓和的适度冲突得以避免。任何组织中都存在不同程度的矛盾，组织同时需要和谐与不和谐、合作与对抗。冲突同时具有消极与积极两面性，这一点已被研究者通过实证研究所证明。一方面，冲突管理方式会对组织产生不同程度的负面影响，浪费组织成员的时间和精力，增加组织目标实现的难度；另一方面，冲突管理方式也有利于发现组织中存在的问题，促进组织的变革与创新，同时也能增加组织成员的认同感，并在此基础上建立更紧密和谐的合作关系。

Tjosvold（1988）的研究结果表明，对于合作型冲突管理方式而言，其所涉及的冲突主体间虽然存在不相容行为，但由于冲突主体同时也具有共同性质的目标，因此他们会认为自己的目标会随对方目标的实现而实现。在这种情形下，在冲突双方出现分歧时，会把分歧所对应的冲突视作解决问题的共同途径，积极地寻找具有双赢性质的冲突解决方案，同时双方的合作关系也由此得到加强。由此可初步推断总体适应程度高的外派群体趋向合作型冲突。

相反，在竞争型冲突管理方式中，冲突主体间存在一种非此即彼的关系，即双方中只能有一方从中获益，难以形成双赢的局面，在这种情形下，冲突双方互不信任，产生敌对情绪，无法进行有效的沟通与交流。相对地，总体适应程度低的外派群体往往无法充分认识及解决在获得信息、了解事实上的差异，双方价值观、认识上的差异，各自目标的差异，充当不同角色和不同角色之间要求的差异以及个体文化与组织文化之间的差异。从而造成信息沟通上的障碍和任务的不确定性。如不同的时间观念、组织成员之间地位或资格的差异，管理风格、外部环境的变化都会使总体适应程度低的外派群体产生竞争型冲突管理方式。由此可推断总体适应程度低的外派群体趋向竞争型冲突管理方式。

综上可知，总体适应程度高的外派主体能通过合理的冲突管理方式为社会中的不满情绪提供释放途径，从而化解积怨，进而缓解冲突主体间的敌对情绪，以实现对冲突的缓解或消除。换言之，强度激烈的跨文化冲突也可通过相对缓和的合作型冲突管理方式得以避免，从而激发冲突的正面效应。适应程度低的外派主体面临跨文化冲突分歧时，冲突主体间存在一种非此即彼的关系，即双方中只能有一方从中获益，难以形成双赢的局面，在这种情形下，冲突双方互不信任，产生敌对情绪，无法进行有效的沟通与交流。由此，本章提出假设5。

假设5 总体适应程度高的外派主体趋向合作型冲突管理方式，而总体适应程度低的外派主体趋向竞争型冲突管理方式。

3.6 模型构建

本书使用结构方程模型和模型方法进行文化智力、外派适应性与跨文化冲突预判模型的构建。上述模型构建立足于跨文化冲突实际内涵，同时，以时序变量表示的外派适应性因子能有效刻画跨文化冲突的频发性和差异性特征，而包含时变特征和不同参数结构的文化距离方程又能较好地描述跨文化冲突的渐进同步性和结构复杂性特征。

3.6.1 潜变量的选取与研究假设的设定

本书涉及具备实际意义的主变量有：内衍变量（endogenous variable）是跨文化冲突和外派适应性，包含社会文化适应和心理文化适应两个构面；外衍变量（exogenous variable）是文化智力，包含元认知、认知、动机和行为四个构面，并以跨文化冲突管理方式为中介变量，以文化距离不对称性为调节变量。总结本书前三个模块的理论铺垫所初步定的变量关系假设涉及四个层次：①文化智力是外派适应和跨文化冲突的前因变量；②文化距离不对称性在其中起动态调节作用；③外派适应与跨文化冲突互为有效预测变量；④外派适应在文化智力与跨文化冲突的关系中具有中介效应。本章所提出假设的小结请参见表 3.1。

表 3.1 研究假设列表总结

假设 1	文化智力与外派适应正相关
假设 2a	当管理层人员从松宽文化外派到紧严文化环境时，所面临的适应性困难相对较少，文化智力对外派适应正向影响力加强。相反，从紧严文化外派到松宽文化环境时，所面临的适应性困难增多，需要更高层次的文化智力，文化智力对外派适应正向影响力减弱
假设 2b	当非管理外派人员从松宽文化外派到紧严文化环境时，所面临的适应性困难相对较多，需要更高层次的文化智力，文化智力对外派适应正向影响力减弱；相反，从紧严文化外派到松宽文化环境时，所面临的适应性困难减少，文化智力对外派适应正向影响力加强
假设 3a	文化智力与合作型跨文化冲突管理方式正相关，而与竞争型冲突管理方式负相关
假设 3b	合作型冲突管理方式正向影响外派适应，而竞争型冲突管理方式负向影响外派适应

续表

假设 4	心理文化不适应的外派群体趋向关系型冲突，而社会文化不适应的外派群体趋向任务型冲突
假设 5	总体适应程度高的外派群体趋向合作型冲突管理方式，而总体适应程度低的外派群体趋向竞争型冲突管理方式

3.6.2 主变量关系架构与模块刻画

基于立足文化智力的外派适应性研究（第二模块）和以外派适应性研究为基础的跨文化冲突预判研究（第三模块），对外派冲突预判的主变量动态关系进行理论推导和现实考察；另外，结合外派适应性与冲突的形成机理（第一模块），对外派冲突概念界定和现状分析；本章结合以上三个模块将分别从宏观国家文化差异、中观组织差异与微观个体差异三个层面研究具体的主变量动态关系，构建如图 3.1 所示的主变量关系模型架构。

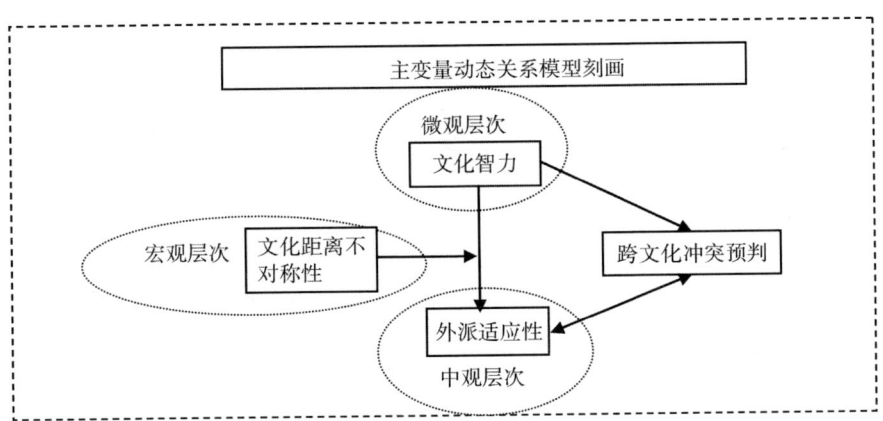

图 3.1 文化智力、外派适应性与跨文化冲突预判动态关系模型示意图

故笔者基于结构方程模型方法（SEM）构建文化智力、外派适应性与跨文化冲突动态关系模型，已有跨文化冲突管理模型均立足于基础模型，通过模型局部改进满足冲突和距离的含义进而建模和应用，遵循的是"基础模

型→改进模型→实际运用"研究路线,也因此导致了最终模型实际外派适应性与跨文化冲突内涵模糊的缺点。对此,本章在新跨文化冲突预判模型的构建上以"实际内涵→动态关系模型构建→实际运用"为研究路线,先从文化智力和外派适应性的实际意义出发构建潜变量表示的影响跨文化冲突的因子并设计具备时变特征的文化距离方程。

主变量动态关系模型和包含时变特征及不同参数结构的文化流向与岗位级别交互调节效应方程均适合在结构方程模型方法中实现计算、构建和检验。结构方程模型是用来检验观察变量和潜在变量以及潜变量之间关系的一种多元统计分析方法,可通过因子分析、路径分析等方法验证所构建理论模型的科学性和合理性,因而能够满足本书需要。基于此,本书利用结构方程法对四个主变量之间的关系进行模型构建与实证,从宏观层面考量距离不对称性对外派适应性的影响,从中观层面考量外派适应性对跨文化冲突的影响,从微观层面考量外派主体的文化智力对外派适应性和跨文化冲突的影响。通过模型估计、模型识别判断、模型修正对多元数据和多个潜变量进行分析解释,这样系统的跨层次实证研究有助于揭示外派适应与冲突的有效预测变量。

其中,体现动态特征的调节变量,即宏观层次的文化距离不对称性,需要加以清楚的界定。①文化流向界定依据。本书使用 Hofstede 的权力距离指数(PDI)差值作为松紧文化流向判定的依据,而不选取任意量表所测的主观感知量度,基于以下原因:第一,Hofstede(2001)关于国家文化维度指数的信效度已被诸多研究证实(Van Oudenhoven,2001),其中使用权力距离指数维度作为文化距离中最重要的类别指标的文献总结参见 Sondergaard(1994);第二,虽然少数学者(Shenkar,2001;Steenkamp,2001)对权力距离指数有批评意见,但国际管理学研究的主流仍以其作为外部环境因素研究中的主要解释变量(见 Harzing(2003)的概述)。究其原因,可能是由于目前没有更可靠更权威的研究能替代 Hofstede 的方法,其他学者在文化距离量度上取得的进展,其影响力和信效度仍待时间和后续研究检验,否则极易低估或高估实际的文化距离,故本研究使用 Hofstede 权力距离指数差值作为文

第3章 研究假设与模型构建

化距离中松紧文化界定依据。②东道国样本选取依据。使用外派母国中国作为比较锚点，选取的东道国国家类别框架需要在地理和文化特征上体现明显差异，故本章计划切合时政选择"一带一路"沿线六国，分别是马来西亚、俄罗斯、菲律宾、泰国、印度、巴基斯坦。根据 Hofstede（2001）研究所得出国家权力距离指数值，从中国到马来西亚、俄罗斯、菲律宾三国的外派 PDI 差异值为正向；从中国到泰国、印度、巴基斯坦三国的外派 PDI 差异值为负向。以上外派主体东道国国家类别体现出鲜明的差异特征，正负向的 PDI 差异值的比较使笔者能够确定外派作业的文化流动方向，即松宽到紧严（L→T）样本组=东道国与母国 PDI 差值为正；紧严到松宽（T→L）样本组=东道国与母国 PDI 差值为负。针对跨文化冲突中介效应、冲突类型、冲突管理方式的预判假设，本书选取非参数结构方程模型方法和层级回归方法。由于非参数结构方程模型方法对总体分布的假定要求的条件很宽，属于稳健统计，适合检验以上三方面的预判假设，故笔者计划在 AMOS22.0 软件平台上用非参数结构方程模型方法和层级回归方法进行变量间动态关系模型构建。

第4章　中资企业对"一带一路"沿线国家外派的实证

　　基于前述测度方法和模型构建，本章以大型中资企业对"一带一路"沿线六国外派为对象进行系统的模型实证研究，进而提出跨文化冲突的应对策略和外派管理建议。本章首先对选取的典型企业案例研究背景进行简要介绍，继而使用结构方程模型（SEM）方法和定性比较分析（QCA）方法对四个主变量之间的关系进行模型验证，从宏观层面文化距离不对称性对外派适应的影响，从中观层面考量组织外派的跨文化冲突管理的影响，从微观层面考量外派人员（包括管理层和非管理层样本组）自身的文化智力对外派适应的影响。通过系统性跨层次的实证研究对多元数据和多个潜变量进行分析解释，揭示外派适应中的预测变量。最后本章着重讨论了研究中涉及的方法和数据分析计划，即说明采用基于 AMOS 的结构方程模型方法来检验理论模型和因果关系，以及采用定性比较多组分析以测试文化距离不对称对假设结构模型潜在调节效应与冲突预判的依据。通过数据分析计划的介绍，为后续数据处理及其统计性描述分析提供事实依据。

4.1 典型调查选点

4.1.1 选点原则

典型调查选点易受主观因素的影响，故笔者在选择调研对象地点时主要参考三个原则：第一，针对性原则，调研对象具备中资企业外派跨文化冲突事件的典型性，可真实反映同类事态的一般属性和项目不同要素之间的关系，涵盖具代表性的不同文化距离指数区间、不同经济发展程度、不同社会意识形态；第二，可行性原则，与项目组成员所在单位或个体有前期良好合作基础和广泛联系的组织单位；第三，经济性原则，确保调研费用支出小于预算。根据上述原则，确定调研对象为大型中资企业对"一带一路"沿线国家投资的工程、烟草、医药、服务、食品、矿产等主要行业 484 家企业中 5% 的样本，即 24 家具代表性竞争优势的跨国企业外派项目及其外派母群体（population）岗前、岗中、岗后的整个外派流程，主要依托中国商务部云南省商务厅对外合作交流处所辖的外向型企业，包括云南省建设投资控股集团有限公司、云南铜业集团有限公司、中电投云南国际电力投资、云南电网、云南锡业、昆明钢铁控股、云南云天化、滇虹药业、云南白药、云南大益茶业、普洱市众和橡胶、德宏后谷咖啡、云南英茂糖业、金孔雀交通运输、风光国际旅游、云南地矿资源、俊发地产、红云红河烟草、云南力量生物制品、大理交通运输、云南省海外投资、云南路桥、西双版纳普发茶叶、云南地矿勘查工程以及中国水电第十四工程集团斯里兰卡尼兰比水电站和马哈威力水利枢纽工程等项目在内的典型外派冲突事件及其应对处理措施进行调研，收集相关统计数据建立数据库。

4.1.2 国家样本的选取

为检验潜在研究假设关系,本项目结合研究目的,计划使用外派母国中国作为比较锚点,外派群体抽样的东道国国家类别应当切合时政选择"一带一路"沿线国家,本书选取的东道国国家类别框架需要在反映地理和文化特征上体现明显差异(见表 4.1)。如表 4.1 所示,根据 Hofstede(2001)研究所得出国家权力距离指数(PDI)值,从中国到马来西亚、俄罗斯、菲律宾的外派为正向 PDI 差异值;从中国到泰国、印度、巴基斯坦的外派为负向 PDI 差异值。东道国国家类别样本需体现鲜明的差异特征,正负向的 PDI 差异值的比较使笔者能够确定外派作业的文化流动方向,即正向 PDI 差异值组=从松宽到紧严(L→T)样本组,负向 PDI 差异组=从紧严到松宽(T→L)样本组。

表 4.1 "一带一路"沿线样本国家国际作业文化流向分类

Country 国家	母国 China 中国	东道国					
		Malaysia 马来西亚	Russia 俄罗斯	Philippines 菲律宾	Thailand 泰国	India 印度	Pakistan 巴基斯坦
PDI	80	104	93	94	64	77	55
PDI Difference PDI 差异值	/	+24	+13	+14	−16	−3	−25
Sample Group Coding 样本组初步分类	/	松宽到紧严(L→T)			紧严到松宽(T→L)		

注:流向分类依据:松宽到紧严(L→T)样本组=东道国与母国 PDI 差值为正;紧严到松宽(T→L)样本组=东道国与母国 PDI 差值为负。

4.1.3 松紧文化流向的界定

本书在比较主客观多种文化距离测度方法之后,确定使用 Hofstede 的权力距离指数差值作为松紧文化流向判定的依据，基于以下原因：第一，Hofstede（2001）关于国家文化维度指数的信效度已被诸多研究证实（Van Oudenhoven，2001）；第二，关于使用 Hofstede 权力距离指数作为国家文化类别进行分类，并据以衡量它们之间的文化距离的文献整理，参见 Sondergaard（1994）；第三，虽然少数学者（Shenkar，2001；Steenkamp，2001）对 Hofstede 的权力距离指数有批评意见，但国际商务学和国际管理学研究的主流仍然以 Hofstede 的文化距离作为外部环境因素研究中的主要解释变量，大多数研究通过 Hofstede（1980）的国家文化维度指数来观测文化距离（参见 Harzing（2003）概述）。究其原因，可能是目前没有更可靠、更权威的研究能替代 Hofstede 的方法，哪怕有一些学者在文化距离的量度上取得一些进展，但其影响力和信效度仍有待时间的检验，否则极易低估或高估实际文化距离。故本书使用 Hofstede 权力距离指数差值作为文化距离中松紧文化界定依据，而不选取任意量表所测的主观感知量度。

4.2 数据收集处理

本研究约涉及 20 个观察变量，采用结构方程模型 Amos 软件进行定量研究，学者（Loehlin，2004；Hair et al.，2010）推荐每个变量至少应有 5~10 个有效样本，且根据 Krejcie 和 Morgan（1970）表格来确定给定群体的样本量，若母群体在 600~800 人推荐最低抽样样本量在 234~260（置信水平 = 95%，误差边缘 = 5%），研究的母群体约为 600 个，故计划收集 234 个以上有效样本。外派者（expatriate）在本书中被定义为被组织派出承担东道国国际作业任务，包括管理任务或非管理任务，连续作业 6 个月及以上的人员。2017 年 10 月至 2018 年 3 月，本研究采取判断抽样方法，对具有代表性的中资企业外派作业主体和典型外派冲突事件进行预调研和数据收集，由公司主管、人力资源部门经理和员工分别进行填写。调研采取现场发放、现场指导的方式，结合网络问卷邀请的方法。网络问卷（见附录 A 调研介绍信和问卷）链接为：https://www.surveymonkey.com/r/IBS-EXPAT。

由于最终得到的调研结果包括问卷资料、不规则访谈记录以及具体统计数据，故调查组还对所有数据，特别是问卷与访谈获得的数据进行信度和效度分析以及探索性因子分析，修正问题项，最终获得满足一致性且可信度高的统计样本和调研数据。此次调研共发放纸质问卷 300 份以及网络问卷邀请 700 份，回收有效问卷 288 份，回收率 28.80%。本次调研的人口统计描述见第 5 章，总体看样本结构较为合理。

4.3 测量工具的选择

4.3.1 问卷和访谈设计

本书涉及需要通过问卷收集数据进行测量的主变量有：内衍变量（endogenous variable）是外派适应，包含社会文化适应和心理文化适应两个构面；外衍变量（exogenous variable）是文化智力，包含元认知、认知、动机和行为四个构面，并以跨文化冲突管理方式为中介变量，以文化距离不对称性为调节变量。

各个变量的具体测量工具总结如下：

（1）社会文化适应采用 Black 和 Stephens（1989）开发的量表，分为对东道国总体环境的适应（总体适应）、同东道国国民互动的适应（互动适应）、对工作的适应（工作适应）3 个维度，心理文化适应采用 Goldberg（1972）开发的量表。

（2）文化智力使用 Ang（2004）开发的文化智力量表（CQS）进行个体

文化智力的测量。

（3）采用 De Dreu 等（2001）开发的组织冲突量表（ROCI-II）测量外派人员的冲突管理方式，采用 Jehn（1995）开发的群体内冲突量表测量外派群体跨文化冲突类型。

本书所有量表均采用李克特 5 点记分法，并在正式调研开始前做过先验研究（pilot study）对问卷进行检验调试。用于收集本书数据的问卷分为五个部分（问卷副本见附录 A）。第一部分收集有关外派人员的人口统计资料。第二部分询问外派人士的文化智力，主要包括评估他们对文化规范和价值观的熟悉程度，以及他们在某些文化活动中的互动和参与程度。第三部分测量受访者社会文化和心理文化的适应水平。第四部分测量受访者个体和群体跨文化冲突的类型和冲突应对方式。第五部分鼓励相关开放性评论。同时，为设计科学合理的调研，有必要设计开放式问卷，本研究选取了小规模深度访谈 15 个对象，包括企业单向和双向外派的管理层和非管理层人员样本、项目所在国政府、合作外方企业，及项目所在地具有影响的族群、长老、宗教、非正式组织等，目的是从现实观察的角度检验定量分析得出的结论。

4.3.2 人口统计信息

调查问卷第一部分要求提供人口统计信息。其中包括年龄、性别、外派时长、配偶支持、以前在东道国的多年经验、职位状态、教育、母国、以前的外派工作和感知到的东道国当地语言熟练水平。选择这些变量是因为前人对跨文化适应的研究（Black et al., 1991; Caligiuri, 2000; Church, 2000; Hechanova et al., 2003; Hutchings, 2003; Selmer, 2007; Trompenaars & Hampden-Turner, 1997）中将其中一些变量作为重要预测因素，并可能对外派适应产生强烈影响。岗位级别变量分为经理/董事类外派人员或非经理类外派人员。经理/董事类外派人员指负责监督管理非经理类人员的外派者。非经理类外派人员指有上级且没有下属的技工或业务操作类外派者。

人口统计部分中的当地语言能力库存用于测试外派人员的东道国语言能

力，改编自 Selmer（2006）开发的东道国语言能力量表（Cronbach's α 系数 = 0.92），该量表作为衡量语言能力的工具用于外派到中国的西方人。原始量表包括五个项目：①东道国语言听力理解技能；②非语言交流技能；③方言口语技能；④自由互动技能；⑤写作技能。在将量表适用到当前研究的过程中，对量表作了如下两方面的修改：①阅读能力，作为四个基本 ESL（英语作为第二语言）技能之一（Mitchell & Myles，2004；Russell，2009：4 个 ESL 技能—听力、口语、阅读和写作），阅读被认为是不可或缺的第二语言能力，因此被添加到量表中。②根据第二语言习得研究（Everson，2009；Stoyoff，2009；Wall & Horak，2009）显示，理解技能与口语技能不同，但 Selmer（2006）原始量表将这两种能力并成单一元素。为呈现内容上的区别，调试后的量表将理解技能（特别是听力理解技能）与口语技能区分开来。

因此，修改后的量表有较好的区分效度，包含八个维度（Cronbach's α 系数 = 0.90）：①东道国语言听力理解技能；②东道国语言口语技能；③非语言交流技能（含肢体语言）；④方言口语技能；⑤当地方言听力理解技能；⑥自由互动技能；⑦阅读技能；⑧写作技能。

4.3.3 变量的测量

本节详细介绍各变量所采用的测量方法，包括内衍变量、外衍变量和控制变量。本书中的内衍变量是跨文化适应，以社会文化适应（SCA）和心理文化适应（PCA）为代表。调节变量是文化距离不对称性，以文化流动方向为代表。外衍变量为组织职位状态，以管理和非管理角色的职位水平为代表；个体差异以文化智力的元认知、认知、动机和行为方面为代表。

（1）内衍变量：社会文化适应。社会文化适应是一个多维构念，涉及外派人员与东道国国民有效互动和相互关联并适应东道国文化的意愿和能力。为了评估社会文化适应，受访者完成了 Black 和 Stephens（1989）的包含 14 个项目的量表。该工具已广泛应用于测量个体对异质文化的社会文化适应（Parker & McEvoy，1993；Selmer，1999；Williams，2008）。当应用于在文化上不相似的样本时,该量表在结构上具有良好的适用性,为其结构效度提供了证据(Robie & Ryan, 1996)。它旨在衡量社会文化适应的三个维度:工作适应(WA)(如"监督责任"),一般生活条件(GL)(如"生活成本"),东道国国民互动适应(HCN)(如"与东道国国民的社会化"),采用5点李克特量表。该量表的主要优点是灵活性,因为作者构建该量表用于评估各种领域。

要求受访者以1="非常不适应"至5="完全适应"的范围表示对他们各自东道国的适应程度。先前研究中的信度分数是足够的:工作适应的三个项目显示的Cronbach's α系数为0.74(Parker & McEvoy, 1993);一般适应的七个项目显示的Cronbach's α系数为0.74(Parker & McEvoy, 1993);东道国国民互动适应的四个项目显示的Cronbach's α为0.86(Parker & McEvoy, 1993)。对于后续分析,所有项进行加总平均以获得用于社会文化适应的个体得分。分数从1~5,较高的分数表示较好的适应性,较低的分数表示较差的适应性(见表4.2)。

表4.2 衡量社会文化适应的工具

测量模型中的项目代码	维度	项目描述
WA1	工作调整	具体工作职责
WA2		绩效标准和预期
WA3		监管职责
GL1	一般生活调整	总体生活环境
GL2		住房条件
GL3		食物
GL4		购物
GL5		生活成本
GL6		娱乐设施和机会
GL7		健康医疗设施

续表

测量模型中的项目代码	维度	项目描述
HCN1	东道国国家互动调整	与东道国民的社交活动
HCN2		与东道国民的日常互动
HCN3		非工作场合与东道国民的互动
HCN4		与东道国民的交谈

资料来源：改编自 Black 和 Stephens（1989）。

（2）内衍变量：心理文化适应。心理文化适应结构与个体的心理状态、潜在健康和主观幸福感有关，如异质文化环境中的情绪状态、认知感知和个体特征变量。它集中体现在心理适应过程中的态度因素，可以通过评估自我报告的心理症状和感觉到的痛苦来衡量（Ward & Kennedy，1996）。

受访者的心理文化适应是使用 Goldberg（1972）开发的 12 项一般健康调查表来衡量的。这个量表传统上用于评估轻微的精神症状、心理困扰和个体健康。在过去的几十年中，该量表应用于监测组织背景下的福利水平（Forster，2000），并广泛用于外派研究，成为外派人员主观幸福和心理适应的测量方式（Anderzen & Arnetz，1999；Selmer，1999，2007；Williams，2008），在各种研究中 Cronbach's α 在 0.79 和 0.94 之间。该工具用 12 个项目检验外派人员的心理文化健康状况。要求受访者回想过去几个星期的感觉，包括睡眠困难、感觉不快乐以及享受日常经历的能力。

测量心理文化适应的所有项目见表 4.3。分数范围从 1~4，较高的分数表示更好的适应。先前研究中的信度令人满意（Cronbach's α = 0.91）。项目 1、项目 3、项目 6、项目 7、项目 11 和项目 12 的分数已修改，并且为了应用于后面的分析部分，12 个项目已加总平均以产生心理文化适应的单个分数。

（3）外衍变量：文化智力。文化智力涉及在异质文化环境中运作良好的能力，包括个体能力的元认知、认知、动机和行为方面。

表 4.3　测量心理文化适应的工具

测量模型中的项目代码	维度	项目描述
PCA1	心理文化调整	你最近觉得你不能克服你遇到的困难
PCA2		你最近是否有对事情做出决定的能力
PCA3		你最近是否越来越感到不快和压抑
PCA4		你最近是否觉得所做的事是有意义的
PCA5		你最近是否能够专注于所行之事
PCA6		你最近是否因忧虑而无法入眠
PCA7		你最近是否越来越觉得自己没有价值
PCA8		综合考虑，你最近是否觉得自己相当快乐
PCA9		你最近是否觉得能够享受每天日常活动
PCA10		你最近是否能够正视自己的问题
PCA11		你最近是否经常会感到紧张
PCA12		你最近是否渐渐对自己失去信心

资料来源：改编自 Goldberg（1972）。

使用由 Ang 等（2004）开发的 20 项文化智力量表工具来收集个体的文化智力数据。该量表广泛应用于跨文化管理研究领域同行评审期刊上发表的新近研究项目中（Ang & Inkpen，2008；Ang & Van Dyne，2008；Ramalu et al.，2011；Templer et al.，Williams，2008）。20 个题项检验了文化智力的四个维度，即元认知（四个题项）、认知（六个题项）、动机（五个题项）和行为（五个题项）维度（见表4.4）。

测量文化智力的所有项目见表4.4。5 点李克特量表（1 = 强烈不同意到 5 = 强烈同意）描述了每一个陈述，较高的分数分别对应于文化智力的元认知、认知、动机和行为方面的较高水平。Ang 等（2007）分别用新加坡和美国的样本交叉验证了文化智力量表，发现其具有高度信度。他们在报告中分别指出新加坡和美国这两个样本群体的 Cronbach's α 值，其中元认知项目

($\alpha=0.76$；$\alpha=0.78$)，认知项目（$\alpha=0.84$；$\alpha=0.81$），动机项目（$\alpha=0.87$；$\alpha=0.80$），行为项目（$\alpha=0.84$；$\alpha=0.81$）。

表 4.4　文化智力测量工具

测量模型中的项目代码	维度	项目描述
MC1	元认知文化智力	我能意识到自己与不同文化背景的人交往时所应用的文化常识
MC2		当与陌生文化中的人们交往时，我调整自己的文化常识
MC3		我能意识到自己在跨文化交往时所运用的文化常识
MC4		当与来自不同文化的人们交往时，我检查自己文化常识的准确性
COG1	认知文化智力	我了解其他文化的法律和经济体系
COG2		我了解其他语言的规则（如：词汇，语法）
COG3		我了解其他文化的价值观和宗教信仰
COG4		我了解其他文化的婚姻体系
COG5		我了解其他文化的艺术性所在
COG6		我了解其他文化中表达非语言行为的规则
MOT1	动机文化智力	我喜欢与来自不同文化的人交往
MOT2		我相信自己能够与陌生文化中的当地人进行交往
MOT3		我确信自己可以处理适应异质文化所带来的压力
MOT4		我喜欢生活在自己不熟悉的文化中
MOT5		我相信自己可以适应一个不同文化中的购物情境
BEH1	行为文化智力	我根据跨文化交往的需要而改变自己的语言方式（如口音、语调）
BEH2		我有选择地使用停顿和沉默以适应不同的跨文化交往情境
BEH3		我根据跨文化交往的情境需要而改变自己的语速
BEH4		我根据跨文化交往的情境需要而改变自己的非语言行为（如：手势，头部动作，站位的远近）
BEH5		我根据跨义化交往的情境需要而改变自己的面部表情

资料来源：改编自 Ang 等（2004，2007）和文化智力中心（2005）。

（4）外衍变量：跨文化冲突。本研究采用 Jehn（1995）开发的群体内冲突量表测量外派群体跨文化冲突类型。采用 De Dreu 等（2001）开发的组织冲突量表（ROCI-Ⅱ）测量外派人员的冲突管理方式，现有研究证明本书选取的量表结构效度和准则效度在不同文化国家具有跨文化一致性（见表4.5~表4.7）。

表4.5 测量冲突类型的工具

测量模型中的项目代码	维度	项目描述
RC1	关系型冲突	1. 本部门成员间的摩擦多不多？
RC2		2. 本部门成员间的个性冲突事件多不多？
RC3		3. 本部门成员间的关系紧张事件多不多？
RC4		4. 本部门成员间的感情冲突多不多？
TC1	任务型冲突	5. 本部门成员对如何完成工作的看法有分歧的情况多不多？
TC2		6. 本部门中因意见相左导致冲突发生的情况多不多？
TC3		7. 本部门中你遇到的与工作相关的冲突多不多？
TC4		8. 本部门中出现观点不同的情况多不多？

资料来源：Jehn K. A. A multimethod examination of the benefits and deteriments of intragroup conflict [J]. Administrative Science Quarterly, 1995 (40): 256-282.

表4.6 合作型冲突管理方式量表

测量模型中的项目代码	维度	项目描述
INT1	合作型冲突管理方式	1. 如果不能找到一个真正满足我和另一方的解决方案，我会一直研究下去
INT2		2. 我为自己和另一方的目标和利益着想
INT3		3. 我站在双方的立场找到一个彼此最优的解决方案
INT4		4. 我制订一个解决方案，既可满足自己也尽可能好地服务另一方的利益

资料来源：De Dreu C. K., Evers A., Beersma B., Kluwer E. S. & Nauta A. A Theory-based measure of conflict management strategies in the workplace [J]. Journal of Organizational Brhavior, 2001, 22 (6): 645-668.

表4.7 竞争型冲突管理方式量表

测量模型中的项目代码	维度	项目描述
DOM1	竞争型冲突管理方式	5. 我努力推进自己的观点
DOM2		6. 我寻求收益
DOM3		7. 我为自己争取一个好的结果
DOM4		8. 我不惜一切为了赢

资料来源：De Dreu C. K., Evers A., Beersma B., Kluwer E. S. & Nauta A. A Theory-based measure of conflict management strategies in the workplace [J]. Journal of Organizational Brhavior, 2001, 22 (6): 645-668.

为比较何种文化距离测量方法最适用于对外派适应的研究，本书在实证中首先比较使用了三种客观的文化距离测量方法，即Hofstede（1980）、Schwartz（1994）、House等（2004）的测量数值引入模型计算。除了这三种客观测量法，考虑到外派人员的认知会极大地影响企业全球战略制定和实施，外派人员的主观感知也被用来测量母国与东道国间的文化距离。外派人员认知方法从逻辑上讲更加合理，因为文化因素本身就是一种主观的感受，并且外派人员才是跨国企业全球战略的决策者和实施者，他们直接面对海外市场中文化的差异性。然而，从外派人员认知的视角对文化距离的研究很少将这种方法与全球营销适应性战略相结合，开展细致的实证研究。如果要从个体层面对文化距离进行测量，就需要从个体的评分中进行分析，而不是使用Kogut和Singh（1988）的公式形成的复合指标来收集二手数据。对外派人员感知的母国与东道国之间的文化距离进行先验测量（1=十分相似，5=十分不同），具体问项包括：①对于一个广告的认识和理解；②顾客的文化程度和教育水平；③语言和内涵的含义；④社会文化的风俗和禁忌。量表所测的主观感知先验测量结果验证了Hofstede（1980）的权力距离维度指数在模型计算中的数值最能准确反映母国与东道国之间外派任务流动的方向性，说明主观感知量度与客观量度契合。故本书以Hofstede权力距离指数差值作为文化距离中松紧文化界定的基本依据。

(5) 控制变量。为避免外派人员的其他背景条件对外派适应结果产生干扰，本书把权威文献中常用的 7 个具有潜在影响的变数设为控制变量，分别是：性别（Sam, 1998）、年龄（Beiser, 1988）、教育程度（Takeuchi et al., 2002）、外派岗位（Zhang, 2015）、外派期限（Black, 1988）、外派经验（Black, 1988）、东道国语言能力（Takeuchi et al., 2002）。这些控制变量可能影响因变量的统计结果，故本书测量这些变量以控制可能的影响。控制变量的信息从调查的人口统计部分获得。为了确保工具的内部一致性，本书中使用的所有测量项目都采用现有研究中使用的量表，Cronbach's α 系数的范围为 0.74~0.91，高于建议的最小值 0.70（Hair et al., 2010）。

4.4 样本适应性及样本特性

当样本不具有代表性时，会发生无应答偏倚，因为非受访者可能与受访者的行为不同。进行两次检查以测量样本充分性的程度和可能的无应答偏倚。第一次通过独立样本 t 检验任何可能的无应答偏倚，用于应答波动之间的平均值差异（Smith et al., 2011）。对关键变量进行早期和晚期受访者间差异的一系列平均 t 检验，在比较早期和晚期受访者时，在 71 个变量中只有 3 个（所有问题的 4.20%）在 5% 的水平上具有统计学显著性。71 个变量中的 68 个（95.80%）表明早期和晚期受访者之间没有显著差异，这可能意味着没有显著的无应答偏倚。

第二次检验样本特征是否显著区别于两种分类类型的数据库：产业类型和雇员规模（见表 4.8）。用于抽样范围和产业类型（检验统计量 = 4.23（df=3）<7.82 临界值）、组织雇员规模（检验统计量 = 3.34（df = 2）<5.99 临界值）样本间一致性的合优度卡方检验显示，采样范围和样品之间没有显著差异（在 5% 水平）。这表明在这项研究中没有任何严重的无应答偏倚，并

确认样本和数据库特征之间的兼容性。

表 4.8 样本和数据库一致性检验

		受访者数量（人）	预期数据库（人）	残差	样本（%）	数据（%）
产业	商务	101	97	4	40.08	38.49
	教育	32	35	-3	12.69	13.89
	工程/建设	98	97	1	38.88	38.49
	政府	21	23	-2	8.33	9.12
雇员规模	小规模（<50）	35	38	-3	13.89	15.07
	中等规模（51~500）	96	89	7	38.09	35.31
	大规模（>500）	121	125	-4	48.02	49.61
总计		252	252			

4.5 信度和效度问题

4.5.1 信度

信度是一项测度的整体一致性（Hair et al.，2010）。当量表随着时间和情况的变化重复产生稳定、一致的结果时，就实现了可靠性（Malhotra，2004）。衡量量表的信度常用的是 Cronbach's α 系数（McDonald & Ho，2002）。相当低的 Cronbach's α 值表示量表不可靠，分界点 0.70 是建议的最小值，以确保量表项目和结构的内部信度（Hair et al.，2010；Kline，2005）。根据 George 和 Mallery（2003）的建议，在信度方面，Cronbach's α 系数为 0.70 或以上是可接受的，0.80 或以上较好，0.90 或以上优秀。所有量表的 Cronbach's α 系数都通过 SPSS 20.0 检测，其内部一致性。测试结果（表

4.9）表明，Cronbach's α 值均超过了 0.70 具强劲的信度，表明良好的内部一致性。

表 4.9 Cronbach's α 信度测试

Measure	Cronbach's α 值	Number of Items
CQ	0.91	20
SCA	0.90	14
PCA	0.92	12
RC	0.89	4
TC	0.90	4
INT	0.91	4
AVD	0.89	4
CPR	0.91	5
CPT	0.88	4

注：CQ=文化智力；SCA=社会文化适应；PCA=心理文化适应；RC=关系冲突；TC=任务冲突；INT=合作型冲突管理方式；AVD=竞争型冲突管理方式；CPR=合作型冲突管理方式；CPT=竞争型冲突管理方式。

4.5.2 效度

效度是工具测量达到其意图测量的程度，它反映测量量表的准确性或真实性（Byrne，2010）。内容效度涉及工具是否充分覆盖主题。表面效度是内容效度的一个组成部分，当个体审查工具时断定其测量了所感兴趣的特征，就实现了表面效度（Byrne，2010；Lattin et al.，2003）。根据 Hardesty 和 Bearden（2004）、Fatima（2011）的例子，为了确保本研究中使用量表的内容效度和表面效度，所有量表项目都是从现有研究中获得的，其中 Cronbach's α 值是可以接受的。

结构效度是指工具测量达到其意图测量的理论结构的程度（George & Mallery，2003）。它集中体现工具的理论背景以及理论概念与特定测量工具之间的校准（Hair et al.，2006）。在结构方程模型（SEM）分析和平均提取方差值（AVE）中，测量模型的合度测量已被用于验证结构效度（George & Mallery，2003）。

收敛效度和区别效度是结构效度的子集。收敛效度检验应该相关的结构是否相关；而区别效度检测认为无关的结构是否无关（Hair et al.，2010）。收敛效度和区别效度共同说明结构效度。收敛效度通过量表项目分数之间的高相关性来确认（George & Mallery，2003）。临界值大于±1.96表明收敛效度（Fatima，2011）。通过从验证性因子分析的输出中检查因子载量，平均提取方差值和平方复相关系数来确认用于当前研究量表的收敛效度。

计算平均提取方差值以测量量表的收敛效度。平均提取方差值表示每个项目有助于解释指定结构的数量。平均提取方差值大于0.50则具有良好的收敛效度（Fornell & Larcker，1981）。在进行因子分析时使用AMOS 20.0输出计算平均提取方差值。区别效度确保非重叠因素不会产生重叠（George & Mallery，2003），并且通过研究平均提取方差值的平方根与所有结构对的相关性之间的差异来评估（Fornell & Larcker 1981）。为了证明区分效度，模型中的某个结构和任一结构间共享的方差（两个结构之间的平方相关性）应当小于该结构与其测度（平均提取方差值）共享的方差。此外，根据最近文化智力笔者（如Bucker et al.，2011；Perrinjaquet et al.，2007）的建议，在检验文化智力结构的区别效度时，应该测量文化智力四因素模型，而不是单独测试文化智力的四个维度，这将使四个文化智力维度的区别效度得到再次检测。

4.6　数据分析计划

4.6.1　统计建模方法

为测试本研究所提出的因果模型以及文化流动方向（即CDA）对心理文

化适应（PCA）和社会文化适应（SCA）这两个潜在变量的影响，本书采用 AMOS 20.0 的结构方程模型（SEM）方法。

结构方程模型是一种强大的统计建模技术，它结合了因子分析和回归来研究结构间的潜在关系并测试模型，它也是一种优秀的路径分析方法，允许同时测试多个回归方程（Hair et al., 2010；Tabachnick & Fidell, 2007）。结构方程模型具有许多优于其他替代方法（例如，多元回归和一般线性分析）的特点，因为它在检查数据内部一致性的同时，还能有效表达确定的测量误差并且构建潜在变量和观察变量（Byrne, 2010；Fatima, 2011）。它更侧重于抽象心理变量（即潜在结构），如"智力"或"态度"，而不是用于测量结构的外显变量（Ullman, 1996），这使得它成为分析数据的理想工具。应用 AMOS 20.0 软件来评估使用原始数据作为输入和最大似然估计（ML）过程的模型合。

在应用结构方程模型方法时，自变量作为外衍变量（Pearl, 2000）。结构方程模型中的外衍变量是模型中的因子，其值独立于系统中其他变量的状态，并由因果模型之外的变量确定。与外衍变量相比，内衍变量是因果模型中的因素，其值由系统中其他变量的状态决定（Byrne, 2010）。因此，本研究中的外衍变量被认为是自变量，由文化智力的元认知、认知、动机和行为方面以及组织中的职位水平表示。在本研究中，心理文化适应和社会文化适应（包括工作适应、一般生活条件适应和东道国国民互动适应这三个维度）作为内衍变量。观察变量是被测量的变量，潜在或不可观察的变量是不经过直接测量，而从被测量变量间关系推断而来的变量。单箭头描绘假设因果关系。分类多组分析用于确定文化流动方向对假设结构模型的潜在调节作用。根据 Joreskog（1993）的模型生成方法，本研究期望推翻文献所支持的先验理论导出模型，并且通过寻找合度差的源头，重新估计和修改它，以产生不仅可以代表数据，而且有意义、可解释的更适合的模型（Byrne, 2010；Hair et al., 2010；Loehlin, 2003）。在寻找合度差的源头，重新估计和修改模型时，本研究使用模型修整方法（Kline, 2005），并使用各种测试和合指数来评估模型的合。模型修整是基于最相关的 p 值，通过一次删除一个，直到删除每个非显著回归权重和协方差来进行的。该方法的目的是得到一个仍然适合数据的简约模型。检查总体模型合数据以确定模型合的充分性。本研究首次尝试使用结构方程模型方法来检验提出的因果关系以及文化流动方向对外派适应的调节效应。

4.6.2 模型合分析及统计指数

初始分析包括使用 Cronbach's α 系数和因子载荷来评估信度。根据 Nunnally 和 Bernstein（1994）的研究，$\alpha \geqslant 0.70$ 以及因素负荷超过 0.60 表明信度是可接受的。在测试内部信度以确定要保留的项目后，进行验证性因子分析（CFA）以在 AMOS 20.0 中测试所提出的模型。由于数据没有强烈违反多变量正态性假设，故本研究采用最大似然估计程序（McDonald & Ho, 2002）。

笔者建议跨越多个层级多个指标，而不是集中于任何特定合度指标的值，以更好地评估结构模型的整体合。因此，本书指出多种指标来评估研究中的模型合：标准卡方统计（χ^2/df），近似误差平方根（RMSEA），比较合指数（CFI），增量合指数（IFI）和塔克—刘易斯指数（TLI）。简而言之，近似误差平方根测量每个自由度的差异。比较合指数、增量合指数和塔克—刘易斯指数是基于假设模型和空模型之间的比较来计算的模型合指数，其假设变量之间没有关系（Bentler & Bonett, 1980）。表 4.10 总结了用于所有测量和结构方程模型的估计及合优度指数。本章介绍了统计数据分析计划包括利用一组合优度指数和验证性因子分析估计来评估与假设模型的数据拟合。对剩余和修正指数（MI）进行检查，以识别初始假设结构方程模型中是否存在显著的合较差点，验证性因子分析将用于比较其他测量模型，进行多组分析以测试分类调节作用。综上，结构方程模型是用来检验观察变量和潜在变量以及潜变量之间关系的一种多元统计分析方法，可通过因子分析、路径分析等方法验证所构建理论模型的科学性和合理性，因而能够满足本研究的需要。基于此,第 5 章将利用结构方程法对企业外派动态适应性建模,对其影响要素进行分析,借助 AMOS 软件得到要素间复杂的作用关系路径。对实证结果进行分析,验证提出的研究假设,得出外派适应性与冲突的影响要素。通过模型估计、模型识别判断、模型修正对多元数据和多个潜变量进行分析解释,揭示外派适应性与冲突的有效预测变量。同时,外派冲突根据强弱和影响大小可分为外派主体小规模的一般性情绪对抗和外派群体大规模冲突,立足前向视角的事前预警与防范是更为合适的方法。

表 4.10 模型合指数总结

模型合指数	缩写	标准阈值
因子负荷回归权重	λi	因子负荷应该大于 0.60(Kline, 2005)到 0.70(Nunnally & Bernstein, 1994)
评估标准误差	SE	对于过"小"或过"大"的标准没有形成一致意见(Byrne, 2010)
临界比	CR	它是通过将参数估计除以标准误差获得的。基于($\alpha = 0.05$, CR > ±1.96 是显著的
复相关系数的平方	SMC	它是回归分析中因子得分的平方,类似于 R^2。复相关系数的平方 = 1-(误差方差/总方差),范围从 0 到 1
组合信度	CR	它是测量的内部一致性,可接受的最低水平是 0.70(Hair et al., 2010)(Nunnally & Bernstein, 1994)
平均变异抽取量	AVE	它把结构捕捉的方差量与测量误差的方差量进行比较。建议最低接受水平为 0.50(Hair et al., 2010)
卡方	CMIN (χ^2)	卡方值随样本大小变化很大,并且在样本量较大时常常更不精确(Byrne, 2010)
自由度	Df	自由度 = p (p+1) /2 − t, p = 观察变量, t = 参数(Byrne, 2010)
卡方效度的概率水平	测试模型合度 p 值	通常认为 p 值应大于 0.05,这表明模型与数据很好地合(Hair et al., 2010)
	测试假设 p 值	支持假设, p 值应小于 0.05(Hair, 2010)

续表

模型合指数	缩写	标准阈值
标准卡方	CMIN/df	标准卡方应在 1 和 3 之间，优选小于 2 以表示良好的模型合（Kline, 2005）
合优度指数	GFI	合优度指数表示模型的相对方差和协方差的组合效应，其中，>0.90 是最小值，>0.95 表示非常好的合（Byrne, 2010）
比较合指数	CFI	应等于或大于 0.90 以使模型可接受，并且 0.95 或更大的值则为优秀模型合的证据（Bentler & Bonett, 1980）
增量合指数	IFI	应等于或大于 0.90 以使模型可接受（Bentler & Bonett, 1980）
塔克—刘易斯指数	TLI	它是增量合度量，其建议接受水平也是>0.90（Hair et al., 2010）（Bentler & Bonett, 1980）
近似误差平方根	RMSEA	其值大于 0.10 表示合不佳，值 0.08 表示良好合，值 0.05 或更小表示极好合（Bentler & Bonett, 1980）
修正指数	MI	卡方值的减少量是由于释放了一个单一路径（Hair et al., 2010）。本研究考虑减少修正指数值所产生的每 1.00 的变化

资料来源：改编自 Byrne（2010）、Hair 等（2010）和 Fatima（2011）。

4.6.3 定性比较分析方法

定性比较分析法（QCA）基于案例导向融合了集合和布尔代数等分析技术，将定性和定量研究方法的优势进行了整合，近年随着此研究方法的普及和被认可，定性比较分析法被广泛运用于社会科学领域。2014~2015 年，管理领域已经成为发表 QCA 论文数量最多的学科，这有可能是因为管理领域很多问题本质上是"结果驱动"和"组态"的问题。QCA 方法超越了单纯定性或定量的界限，通过将案例视为条件的组态，用条件组态取代自变量、组态思想代替净效应思想、集合关系代替相关关系，整合了定性分析与定量分析的优势，使社会学研究从线性分析步入到了一个"集合"分析的时代。QCA 方法使得因果复杂性分析终于在方法实现上得到了有效支撑；由于结合了定性与定量分析的优势，这种 QCA 方法既适用于小样本、中等样本的案例研究,也适用于大样本的量化分析,并大大提升了理论的实践切题性,使组态比较分析在社会学、政治学、管理学、传播学、营销学等社会科学研究领域具有广泛的应用前景。QCA 可以适用于多种不同层面的案例:个体或小组(微观层面);组织、公司、网络或政策流程(中观层面);整体的大规模系统诸如国家、政治制度、监管制度等(宏观层面)。也可以采取不同的方式应用 QCA:探索数据;产生分类;测试因果理论或假设;测试命题或猜想;开发新的理论。QCA 既可以以"低技术"的方式使用,例如通过生成一些简单的基于集合的类型(通过相当简单直观的"韦恩图"来表示),或者以更数学的形式来使用它,特别是最近 fsQCA(模糊集 QCA)程序中所做的改进。

传统的统计技术都是假定自变量之间是相互独立的、条件与结果之间存在线性关系以及因果关系是对称性的,即如果某些条件能导致结果的发生,那么缺失这些条件,将导致结果不发生的原因。这类研究往往都是控制其他因素不变,分析自变量对因变量的净效应,忽略了组织属性间相互依赖的现实以及可能它们之间可能发生的化学反应,然而这些研究不能解释自变量之间相互依赖的复杂的因果关系。"环境、行业、技术、战略、结构、文化、主义、群体、成员、过程、实践、信仰和结果及其维度都是聚合为组态,原形或者是完型的形式",即社会现象发生的原因条件间多是相互依赖而非独立的,因此解释社会现象发生的原因需要采取整体的、组合的方式。

组态分析是组织理论与战略研究的核心议题,组织组态指任何共同发生的、概念上可区分的特征构成的多维度特征群(Meyer, Tsui & Hinings, 1993)。组态视角认为"组织最好被理解为相互关联的结构和实践的集群而非分单元或者松散结合的实体,因而不能以孤立分析部件的方式理解组织"(Fiss, 2007)。

组态分析采取整体和系统的分析思路,也即案例层面的组态而非单个自变量被用来分析结果(如组织绩效)。组态分析的多维度、整体性特征使得其具有分析战略管理等问题的优势,如战略研究关注环境、结构与战略活动

第4章 中资企业对"一带一路"沿线国家外派的实证

如何匹配以实现更优的结果（Miles & Snow，1978）。Fiss（2011）即采用组态分析方法，检验了两种战略类型（差异化与低成本）与环境因素（变革速度和不确定性）和结构（规模、正式化、中心化、复杂性）不同匹配的多种组态如何产生高绩效结果以及低绩效结果。尤其是识别出在不同组态下，这些战略出现还是不出现、起核心条件还是边缘条件取决于它与其他条件的组合关系。换言之，产生同一结果的方案（路径）是多样的和等效的，不存在唯一的最佳战略。QCA 提供了整体和系统的分析方法，可用于解决组态的问题，自 2007 年以来在管理研究中日益受到重视，近年来在管理学国际顶级期刊 AMR、AMJ、SMJ 等发表的文章快速增加。社会学家 Vaisey（2009）评价社会学家 Ragin 的 QCA 方法替代了定量分析（偏离因果复杂性）和定性案例方法（缺乏研究结论的推广度）。

当前，组态分析方法受到管理学者青睐并成为前沿研究方法的原因，首先在于它主张组织采取整体视角、更加符合组织现象的相互依赖性和因果复杂性。组态比较分析方法整合了案例研究和变量研究的优势，是一种案例导向的研究，就是把研究案例看作条件组态实现复杂案例之间的系统的比较分析。近年来，少数学者开始使用新组态视角以区别于传统组态视角（Misangyi et al.，2017）。其实两者都强调用组态的视角分析因果复杂性问题。区别主要是理论与方法的匹配上，新组态视角能更加充分地让研究者在理论上设计并在实证上分析因果复杂性问题，因此能更好地解决因果复杂性问题。而传统的组态视角只是在理论上提出了因果复杂性：非对称性、等效应和并发原因，但是其方法却不能有效地分析这种复杂性（Misangyi et al.，2017）。新组态视角承认组态视角的理论根源地位，但是更强调新组态视角在认识论和本体论上源于社会学家 Ragin（1987）发展的 QCA 方法，并将新组态视角的基本要素概括为四个方面：①案例视为集合理论的组态；②校准与集合隶属度分析；③充分与必要条件的子集合关系分析；④反事实分析（Misangyi et al.，2017）。2007 年，Fiss 在《美国管理学会评论》（AMR）上发表了一遍综述文章，把 QCA 及其与战略研究的可能结合做了分析，开启了定性比较分析在战略等组织管理研究领域的应用。

"新组态视角"这一概念只是更突出了 QCA 在方法上的上述特征而非理论。组态分析采用的定性比较分析方法的优点还在于他结合了定性分析与定量分析各自的优点。定性比较分析方法采取整体的视角，开展案例层面的比较分析，每个案例被视为条件变量的组态。该方法提出多路径等效性，致力于解决诸如多重并发因果关系，因果关系非对称性等因果复杂性问题。定性比较分析方法用集合论思想分析案例的条件集合与结果集合的集合关系。案例即研究的对象，可以是国家、行业、组织、团队、个体等。几乎所有社会科学都是用言语表达的，形式上可以表达为集合与集合的关系（Ragin，2008）。QCA 运用布尔代数的基本原理研究组态和结果之间的集合关系和非线性关系，分别讨论得出使结果出现和使结果不出现的组态。清晰集定性比较分析方法（csQCA）对变量进行二分以简化变量即将变量定性地设定为 0 和 1（Ragin，1987）。本研究使用了两种 QCA，即清晰集定性比较分析方法（csQCA）和模糊集定性比较分析（fsQCA）。数据一旦被二分就可以以真值表的形式给出，真值表中每一行代表了一组因果条件组态，给所有组态中的每个变量都赋值 0 或 1，0 代表变量不发生，1 代表变量发生。fsQCA 可解释变量变化的程度，即赋予每个变量的值在 0～1 之间，1 代表变量完全出现，0 代表完全不出现，而 0.5 代表最不确定变量是出现还是不出现，也就是最模糊的点，这些点在真值表计算时会被自动剔除，如果变量的值在 0～0.5 之间，表示变量偏不隶属于出现；反之，如果变量的值在 0.5～1 之间，表示变量偏隶属于出现。这使得 fsQCA 不仅具有类似于 csQCA 的定性评估，还具有定量评估的作用。如果笔者找到 n 个条件变量，那么笔者导出的真值表中就有 2^n 行可能存在的逻辑组态，但由于有限多样性的存在，在现实生活中，这些逻辑组态并不可能完全存在，也就是说找到几组现实生活中真正存在的组态，那些现实生活中找不到的组态，笔者则将其视为逻辑余项。那些组态之所以成为逻辑余项，或许是因为它们出现的频率很低，或许是因为它们在现实生活中并不存在。研究中要使 QCA 模型具有可靠性，列入模型中的条件变量需要是有限的，一旦增加条件的数量，逻辑组态就会以指数的形式上升，用布尔代数中的"and"和"or"来连接结果组态得出笔者想要的最小化公式。

布尔最小化过程是 QCA 方法的核心，通过将初始复杂解简化成 QCA 中包含逻辑余项的简洁解来降低解的复杂性，笔者能从这个网站上下载并使用 QCA 软件（www.compasss.org）。运用 QCA 的大致思路是：第一步，用最小化代数完成布尔最小化规则，规定如果两个表达式只有一个条件不同，但它们能产生相同的结果，那么由这两个表达式笔者可以得出这样的结论，就是笔者可以忽略这个条件，然后将这两个表达式用 or 布尔代数语言结合成一个更简洁的表达式；第二步，为了保持蕴含项集合的最小化，将不必要的蕴含项从最小化表达式中剔除出去。因为假定因果对称性是不科学的，即笔者不能以现有的组态解释两个结果，所以需要考虑因果关系非对称性，也就是结果出现和不出现的组态要分别进行最小化（Ragin，1987；De Meur & Rihoux，2002）。布尔代数最小化公式可以计算出分别表示结果出现与不出现的简洁解，得出的最小化公式中的每种形式都与逻辑中的一个或几个组态有关，即最小化公式是组态（案例）的简洁表达。综上所述，本小节介绍了应用于后续实证的定性与定量相结合的数据分析计划，详细的数据采集、整理、分析及结果讨论见第 5 章。

第 5 章　数据统计与结果分析

　　本章介绍了为解决研究问题而进行的数据分析和检验结果解释。对研究假设的检验将进一步有助于解释个体文化智力和职位状态在跨文化适应中是否重要，以及文化距离不对称效应是否对外派适应产生影响。第 1 章提出的总体研究目标将在本章通过以下方式实现：检验文化智力四维度与社会文化适应之间的关系；检验文化智力四维度与心理文化适应之间的关系；评估文化距离不对称如何调节文化智力、职位状态和外派适应之间的关系。具体而言，本章数据分析的目的是：①测试拟议模型的充分性；②如果拟议的模型不足，则需要改进模型并确定更合适的结构。本章先进行一组涉及数据输入描述的初步分析，并且对整个数据记性缺失值和离散值的处理，通过正态性评估，证明数据内部良好一致性，以及对测量信度问题的讨论。接下来是关键变量的基本人口统计和描述性统计的介绍以及主要变量之间双变量的相互关系。继而通过验证性因子分析，讨论了测量模型、假设模型和替代模型的测试，并确定最终拟合最好的模型。在此基础上，进行推理分析，并对修正之后的新模型拟合的评估进行假设验证，包括自变量对因变量的关系，中介变量的作用，调节变量的作用。最后进行研究结果与数据结果解释，包括假设检验的发现和研究模型中使用的前提相关组的比较分析，部分研究假设通过冲突模型进行的预测和相关讨论在本章结尾处提供。

5.1 初始分析及描述性统计分析

5.1.1 数据完整性

在进行主要分析之前，需要对所有相关的变量进行数据输入，并对缺失值、多变量异常值、分布的正态性以及线性的精确性进行检查。

（1）数据输入和缺失值。研究数据输入 SPSS 20.0 数据文件，为了确保数据输入的准确性，在数据输入时给予了充分的关注，笔者进行了彻底详尽的检查。

在大多数定量研究中，缺失值是一个常见的问题。在处理缺失值时，研究者可以选择忽略、删除或采用程序以根据缺失值的水平、范围和随机性来估计缺失值（Hair et al., 2010）。处理丢失数据的传统方法包括不同的临时解决方案，其目的是在分析之前完成数据集，例如删除具有丢失数据的情况（列表式或成对删除）或用可变均值替换缺失值。然而，这些特定的传统方法会严重偏袒样本统计，并在方法论文献中被批评（Little & Rubin, 2002）。现代缺失数据技术，如最大似然估计（ML）或多重估算（MI），已得到许多具有强大理论框架的实证研究的支持，是当前方法论文献中推荐的方法（Little & Rubin, 2002; Peugh & Enders, 2004）。最大似然估计可以用于估计有数据丢失或没有数据丢失的模型，并且可以与传统的缺失数据技术结合使用（Peugh & Enders, 2004）。因此，检查数据以确定丢失的数据是否完全随机丢失（MCAR）、随机丢失（MAR）或不可忽略。在检查之后，舍弃了包含超过25%缺失值的36个案例，结果是在288个数据案例中有252个可用的数据集。

（2）离散值。由于随机效应，由于异常值，数据可能是非正态的。异常

第5章 数据统计与结果分析

值是与其他观察结果显著不同，其中对一个变量（即单变量异常值）具有极值，或者对两个或更多个变量（即多变量异常值）的分数组合进行扭曲统计（Hair et al.，2010）。原始数据需要筛选异常值，随机效应的估计需要根据其敏感程度来处理（Hair et al.，2010；Fatima，2011）。在 SPSS 里面对所有的252 例数据进行异常值处理之后，数据没有出现异常值，都处于正常范围值内，所以不需要对整个数据进行删除案例操作，可以进行到数据分析的下一步。

（3）常态性。在处理异常值后，检查正态性以检验数据是否证实对称的钟形正态分布（Hair et al.，2010）。偏度和峰度值是正态性的常用指标，具有高偏度或高峰度，表明非正态性和数据的随机效应（Hair et al.，2010；Winter、Dedou & Wieringa，2009）。偏度评估分布对称性，而峰度测量分布的比较峰值或平坦度（Fatima，2011）。峰度不被认为对大多数统计分析的结果有显著影响（Morgan、Leech、Gloeckner & Barrett，2004）。根据 Tabachnick和 Fidell（2007），如果偏度和峰度值在+3 和-3 之间，则认为数据实现正态分布。表 5.1 显示了分析中使用的每个主要变量的描述性统计。

表 5.1 去除异常值之后的正态性检验

变量	Mean	SD	Kurtosis	Skewness
CQ	2.65	-0.17	-1.40	-0.17
SCA	2.84	-0.63	-0.96	-0.63
PCA	3.15	-0.43	-1.01	-0.43
RC	2.73	0.29	-0.53	0.29
TC	2.97	-0.22	-0.76	-0.22
INT	3.07	-0.53	0.23	-0.53
AVD	3.19	-0.66	0.41	-0.66
CPR	3.12	-0.43	-1.18	-0.43

续表

变量	Mean	SD	Kurtosis	Skewness
CPT	2.98	−0.10	−1.19	−0.10
Adjustment	3.00	−0.39	−0.28	−0.39

注：CQ=文化智力；SCA=社会文化适应；PCA=心理文化适应；RC=关系冲突；TC=任务冲突；INT=合作型冲突管理方式；AVD=竞争型冲突管理方式；CPR=合作型冲突管理方式；CPT=竞争型冲突管理方式；Adjustment=外派适应。

如表5.1所示，由于对所有主变量观察到偏度值都小于1.00（绝对值），所有的峰度值小于1.5（绝对值），因此确保了数据正态性。

此外，线性评估是多变量分析的另一个基本过程。如果自变量和因变量之间的关系是线性的，则表示因素分析，回归分析和结构方程模型等关联度测量值是唯一的（Fatima，2011；Hair et al.，2010；Winter、Dedou & Wieringa，2009）。本研究使用双变量散点图检查了从属和独立变量对之间的关联性。

5.1.2 样市组的描述性统计

在初步分析和测量信度问题之后，对人口统计变数进行了检查。本次调研的人口统计描述如下：从性别上看，男性占样本总数的76.8%，女性占23.2%；从年龄上看，30岁以下的占21.6%，30~39岁的占61.6%，40~49岁的占12.8%，50岁及以上的占10%；从教育程度上看，本科以下的占1.6%，本科占29.6%，研究生占68.8%；从外派岗位性质来看，管理类占87.2%，非管理类占12.8%；从之前外派次数上来看，0次的占27.2%，1~3次的占7.2%，4次及以上的占65.6%。总体来看，样本结构较为合理，性别、年龄和婚姻分布在数据来源上没有显著差异，占比与以前的研究一致（Caligiuri，2000；Selmer，2001；Shaffer、Harrison & Gilley，1999），即男性和女性外派人口比例以及已婚样本与未婚人口比例较高。

5.1.3 自变量和因变量的描述性统计

表5.2分别显示了整个样本自变量和因变量的描述性统计。

表 5.2 整个样本自变量和因变量的描述性统计

	最大值	最小值	平均值	方差
CQ	5.00	1.05	2.65	1.27
SCA	4.50	1.07	2.83	1.10
PCA	5.00	1.33	3.15	1.17
RC	5.00	1.25	2.98	1.13
TC	5.00	1.25	2.72	1.00
INT	5.00	1.25	3.07	0.87
AVD	5.00	1.25	3.18	0.90
CPR	5.00	1.20	3.11	1.26
CPT	5.00	1.00	2.93	1.23
Adjustment	4.42	1.20	3.00	0.91

注：CQ=文化智力；SCA=社会文化适应；PCA=心理文化适应；RC=关系冲突；TC=任务冲突；INT=合作型冲突管理方式；AVD=竞争型冲突管理方式；CPR=合作型冲突管理方式；CPT=竞争型冲突管理方式；Adjustment=外派适应。

5.2 验证性因子分析（CFA）

结构方程模型是用来检验观察变量和潜在变量以及潜变量之间关系的一种多元统计分析方法，可通过因子分析、路径分析等方法验证所构建理论模型的科学性和合理性，因而能够满足本书需要。基于此，本研究利用结构方程法对企业外派动态适应性建模，对其影响要素进行分析。

本研究旨在使用 SEM 作为分析数据和测试假设模型的主要分析工具。这项研究将需要估计许多不同的模型，涉及多个理论因果关系，各种潜在变量和分类调节变量。SEM 对于这项研究是合适的而且有用的，因为它允许同时检查具有多个因果关系的模型，并且它将回归和因子分析结合起来的数据进行量化（Hatcher，1994；Kline，2005）。

SEM 具有两个步骤：测量验证和结构模型测试（Anderson & Gerbing，

1988；Byrne，2010）。本节中的测量模型的验证进一步通过验证性因子分析（CFA）解决量表项目的效度和信度问题，并在下一节讨论结构模型和因果关系的测试（见表5.3）。

表5.3 量表验证性因子分析结果

模型	因子	χ^2	df	χ^2/df	CFI	TLI	RMSEA
模型一	8因子	926.02	15	61.73	0.46	0.00	0.49
模型二	7因子	212.18	11	19.28	0.43	0.06	0.27
模型三	7因子	245.75	13	18.90	0.31	0.10	0.26
模型四	6因子	192.95	9	21.43	0.38	0.02	0.28
模型五	5因子	490.04	5	98.00	0.22	0.54	0.62
模型六	5因子	181.44	3	60.48	0.81	0.99	0.02

注：模型一8因子：CQ=文化智力，AVD=竞争型冲突管理方式，INT=合作型冲突管理方式，CD=文化距离，SCA=社会文化适应，PCA=心理文化适应，TC=任务型冲突，RC=关系型冲突。模型二7因子：CQ，AVD+INT，CD，SCA，PCA，TC，RC。模型三7因子：CQ，AVD，INT，CD，SCA+PCA，CPT，CPR，CPT=竞争型冲突，CPR=合作型冲突。模型四6因子：CQ，AVD+INT，CD，SCA+PCA，CPT，CPR。模型五5因子：CQ，AVD+INT，CD，SCA+PCA，CPT+CPR。模型六5因子：CQ，AVD，INT，CD，SCA+PCA。"+"表示两个因子合并成一个因子。

为检验变量间的区分效度，本文采用Amos软件对理论模型中的五个变量（文化智力、外派适应、合作型冲突管理方式、竞争型冲突管理方式、文化距离）进行了验证性因子分析。当采用最后五因子模型时，拟合度好于其他模型（χ^2 = 181.44，df = 3，χ^2/df = 60.48，CFI = 0.81，TLI = 0.99，RMSEA = 0.02）。

验证性因子分析允许对每个潜在构造的建构信度、收敛效度和区别效度的评估，并帮助确定所提出的协方差与观察到的协方差匹配的程度（Byrne，2010）。

5.2.1 文化智力与外派适应

表5.4显示的是各变量之间的均值、标准差和相关系数。文化智力与外

派适应显著正相关（r=0.78，P<0.01）；与合作型冲突管理方式显著正相关（r=0.68，P<0.01）；与竞争型冲突管理方式显著负相关（r=-0.49，P<0.01）；与文化距离显著负相关（r=-0.48，P<0.01）；合作型冲突管理方式与竞争型冲突管理方式显著负相关（r=-0.55，P<0.01）；与文化距离显著负相关（r=-0.28，P<0.01）；与文化适应显著正相关（r=0.88，P<0.01）；竞争型冲突管理方式与文化距离显著负相关（r=-0.17，P<0.01）；与文化适应显著负相关（r=-0.63，P<0.01）；文化距离与文化适应显著负相关（r=-0.33，P<0.01）。从相关系数上看，各变量之间的相关系数几乎全都在0.2或0.2之上，呈现出较强的相关性（P<0.01），假设1得到验证。

表5.4 各变量的均值、标准差和相关系数

变量	均值	标准差	1	2	3	4	5
1. 文化智力	2.64	1.27	1				
2. 合作型冲突管理方式	3.07	0.87	0.68**	1			
3. 竞争型冲突管理方式	3.19	0.89	-0.49**	-0.55**	1		
4. 文化距离	1.57	0.49	-0.48**	-0.28**	-0.17**	1	
5. 文化适应	2.99	0.90	0.78**	0.88**	-0.63**	-0.33**	1

注：括号中的数字为回归方程中的β系数；**表示P<0.01。

5.2.2 外派适应与外派冲突

本研究将外派适应划分为两个文化维度：心理文化适应与社会文化适应。外派适应造成的冲突分为关系型冲突与任务型冲突。表5.5显示的是社会文化不适应和心理文化不适应与关系型冲突和任务型冲突的关系。

表5.5 各变量的均值、标准差和相关系数

变量	均值	标准差	1	2	3	4
1. SCA	2.85	1.10	1			
2. PCA	3.15	1.16	0.28**	1		

续表

变量	均值	标准差	1	2	3	4
3. RC	2.73	0.99	0.52**	-0.30**	1	
4. TC	2.98	1.12	-0.42**	0.51**	-0.25**	1

注：SCA=社会文化适应，PCA=心理文化适应，RC=关系型冲突，TC=任务型冲突。**表示 $P<0.01$。

从表 5.5 中可以看出，社会文化适应与任务型冲突显著负相关（r=-0.42，$P<0.01$），心理文化适应与关系型冲突显著负相关（r=-0.30，$P<0.01$），即社会文化不适应与任务型冲突显著正相关，心理文化不适应与关系型冲突显著正相关，进而可以得出社会文化不适应的外派群体趋向于任务型冲突，心理文化不适应的外派群体趋向于关系型冲突，所以假设 4 得到验证。

5.2.3 外派总体适应程度与外派冲突

本研究提出总体适应程度的概念，从外派群体在社会文化适应与心理文化适应两个维度综合进行评价，总体适应程度高可以说外派群体心理文化适应与心理文化适应都在一个适合程度，足以面对外派过程中的问题，总体适应程度低则说明在心理文化适应与社会文化适应都未达到一个适合的程度。

表 5.6 各变量的均值、标准差和相关系数

变量	均值	标准差	1	2	3
1. AJST	3.00	0.90	1		
2. CPR	3.12	1.26	0.67**	1	1
3. CPT	2.98	1.23	-0.39**	-0.73**	1

注：AJST=总体适应程度，CPR=合作型冲突，CPT=竞争型冲突。**表示 $P<0.01$。

从表 5.6 中可以看出，总体适应程度与合作型冲突显著正相关（r=0.67，$P<0.01$），总体适应程度与竞争型冲突显著负相关（r=-0.39，$P<$

0.01),即对于总体适应程度高的外派群体趋向于合作型冲突,对于总体适应程度低的外派群体趋向于竞争型冲突,故假设 5 得到验证。

5.3 结构方程模型分析

本节分析文化智力对外派适应的直接作用(见表 5.7),并在此基础上建立文化智力与外派适应的中介模型。

表 5.7 引入中介变量跨文化冲突管理方式前后的标准化路径系数对比

中介变量	路径关系	模型 1	模型 2	P 值	检验结果
合作型跨文化冲突管理方式	文化智力 —> 外派适应	0.82	0.68	0.000	支持
	文化智力 —> 合作型冲突管理方式	0.68	—	0.000	支持
	合作型 —> 外派适应	0.88		0.000	支持
竞争型跨文化冲突管理方式	文化智力 —> 外派适应	0.82	0.60	0.000	支持
	文化智力 —> 竞争型冲突管理方式	-0.49	—	0.000	支持
	竞争型 —> 外派适应	-0.63		0.000	支持

依据对中介作用成立的 4 个条件(Muller et al.,2005)进行一一检验。中介作用成立的 4 个条件如下:

(1)自变量对因变量作用显著;

(2)自变量对中介变量作用显著;

(3)中介变量对因变量作用显著;

(4)当中介变量进入时,自变量对因变量的作用消失或减弱。

结果如表 5.7 所示,模型 1 为未引入跨文化冲突管理方式情况下,文化智力对外派适应的标准化路径,模型 2 为引入跨文化冲突管理方式下,文化智力对外派适应的标准化路径,可以发现,模型 2 中的标准化路径系数均小于模型 1 中的标准化路径系数。据此,可以判断跨文化冲突管理方式作为文化智力对外派适应的中介变量成立。所以假设3成立（见表5.8）。

表5.8 文化智力、跨文化冲突给管理方式与外派适应假设结果检验

假设		路径关系	路径系数	标准误差	t值	检验结果
假设1		文化智力 —> 外派适应	0.27***	0.026	18.25	支持
假设2	合作型跨文化冲突管理方式	文化智力 —> 合作型跨文化冲突管理方式	0.46***	0.032	14.70	支持
		合作型跨文化冲突管理方式 —> 外派适应	0.57***	0.031	18.25	支持
	竞争型跨文化冲突管理方式	文化智力 —> 竞争型跨文化冲突管理方式	-0.34***	0.039	-8.95	支持
		竞争型跨文化冲突管理方式 —> 外派适应	-0.14***	-0.026	-5.58	支持

注：路径系数为标准化系数；***代表P<0.001。

进一步地，笔者利用结构方程对文化智力、冲突管理方式和外派适应之间的关系路径进行分析。

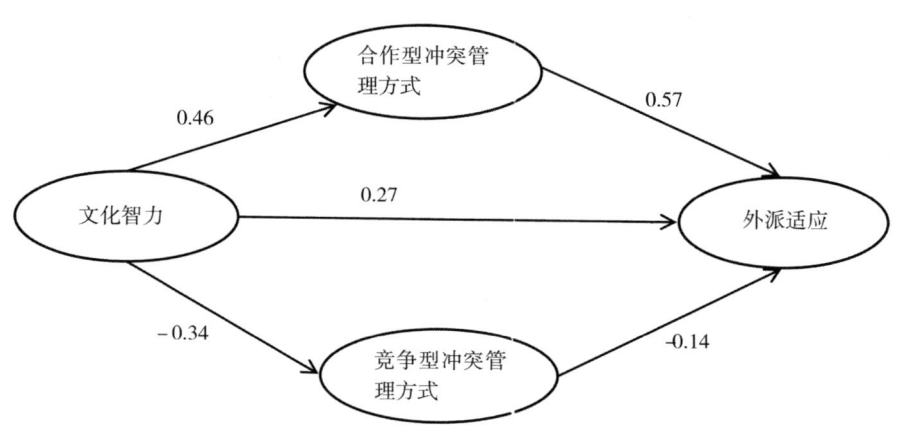

图5.1 跨文化冲突管理方式的中介作用结构方程模型

如图 5.1 所示，文化智力与外派适应的路径系数为 0.27（P<0.001），文化智力与合作型跨文化冲突管理方式的路径系数为 0.46（P<0.001），合作型跨文化冲突管理方式与外派适应的关系路径为 0.57（P<0.001），文化智力与竞争型跨文化冲突管理方式的关系路径为 -0.34（P<0.001），竞争型跨文化冲突管理方式与外派适应的关系路径为 -0.14（P<0.001），均呈现显著的正相关关系。检验结果表明，文化智力与外派适应之间具有显著正向影响，且具有强因果关系；文化智力对跨文化冲突管理方式具有显著影响，文化智力对合作型冲突管理方式具有显著正向影响，对竞争型冲突管理方式具有显著负向影响，且具有强因果关系。跨文化冲突管理方式对外派适应具有显著影响，合作型跨文化冲突管理方式对外派适应具有显著正向影响，竞争型跨文化冲突管理方式对外派适应具有显著负向影响，且具有强因果关系。研究结果表明，跨文化冲突管理方式在文化智力与外派适应之间起中介作用，即包含合作型跨文化冲突管理方式和竞争型跨文化冲突管理方式在文化智力与外派适应之间起中介作用，所以假设 3a 成立。综上，跨文化冲突的中介作用，依据对判断中介作用成立的四个必要条件（Muller et al.，2005）一一进行检验，最终验证均满足四个条件，所以中介作用假设 3 成立。

5.3.1 文化距离的整体调节作用检验

通过层级回归方法（hierarchical regression）对文化距离的调节作用进行检验。首先，将文化智力和文化距离两个变量进行中心化，以此降低自变量和调节变量与其乘积之间的较高的相关性，减少回归方程中变量间的多重线性问题。其次，根据温忠麟、侯杰泰对调节变量的分析，采用层级回归分析的方法对均是连续变量的调节变量进行检验。①做 Y 对 X 和 M 的回归，即 $Y = a_1 X + b_1 M + e_1$，得到测定系数 R_1^2；②再做 Y 对 X、M 和 XM 的回归，即 $Y = a_2 X + b_2 M + c XM + e_1$，得测定系数 R_2^2；③若 R_2^2 显著高于 R_1^2 或者 ΔR^2 显著，则调节效应显著。

对文化距离采用上述步骤进行调节效应分析：第一步加入自变量文化智

力；第二步引入调节变量文化距离；第三步再引入调节变量和自变量，即文化智力和文化距离的交互作用函数。结果如表 5.9 所示。

表 5.9 文化距离的调节作用检验

因变量		外派适应		
解释变量		模型 1	模型 2	模型 3
自变量	文化智力	0.78***	0.78***	0.78***
调节变量	文化距离	—	0.05*	0.03
交互项	文化智力×文化距离	—	—	0.02**
R^2		0.63	0.64	0.64
ΔR^2		—	0.02***	0.05**

注：***表示 $P<0.001$，**表示 $P<0.01$，*表示 $P<0.05$。

通过层级回归分析，依次放入自变量文化智力、调节变量文化距离以及自变量与调节变量的交互项之后，分析结果如表 5.9 所示，3 个回归结果对模型的解释力度不断加强，模型 3 在最后加入交互项后文化智力与文化距离的乘积后，ΔR^2 增加显著（$\Delta R^2=0.05$，$P<0.01$），并且交互项文化智力和文化距离的乘积与外派适应的系数显著为正（$\beta=0.02$，$P<0.01$），即文化距离正向调节文化智力与外派适应，所以文化距离在文化智力与外派适应之间具有调节作用。

5.3.2 文化距离在文化流向之间的动态不对称调节

基于原始文化距离的传统假设，把文化距离看成是不受文化流动方向影响的静态因素，Shenkar（2001）和 Selmer 等（2007）的研究开始对文化距离对称性的假设提出质疑，如 Shenkar（2001）指出"距离"并不意味着"对称"。

本书团队负责人 Zhang（2013，2015）前期基于上述研究提出"文化距离不对称性"的概念，并通过实证研究（Zhang & Oczkowski, 2016）发现文化距离不对称性是外派职位和跨文化适应之间关系的重要干扰变项，即外派文化流向的调节作用体现为，当从权力距离小的国家外派到权力距离大的国家时，管理岗位的外派人员跨文化适应力越优；反之，从权力距离大的国家外派到权力距离小的国家时，非管理岗位外派人员表现出更好的跨文化适应性。可见，在测量文化距离时，应考虑其动态特征，即外派适应受文化流动方向的影响，因此，对以上的不对称假设进行检验。

根据笔者引入的文化松紧理论，外派人员母国文化与东道国文化的不同，文化流向即外派方向可以分为从松宽文化到紧严文化和从紧严文化到松宽文化。文化距离在此间具有动态的调节作用。由表5.10的数据结果分析可知，当外派人员从松宽文化环境外派到紧严文化环境时，文化距离对外派适应路径系数为0.77，当外派人员从紧严文化流向松宽文化环境时，文化距离对外派适应的路径系数为0.79，所以当外派人员从松宽文化环境外派到紧严文化环境时，文化距离对外派适应的正向影响力减弱，当外派人员从紧严文化环境外派到松宽文化环境时，文化智力对外派适应的正向影响力加强。

表 5.10 文化流向对文化智力与外派适应之间的不对称调节作用

路径关系	松宽—紧严（L-T）	紧严—松宽（T-L）
文化智力 —> 外派适应	0.77**	0.79**

5.3.3 文化距离不对称性在外派岗位之间的调节作用

管理层人员与非管理层人员在文化环境变动时，外派适应的相对变化从表5.11文化智力的路径系数来进行分析。

表 5.11 文化距离外派层级的外派适应影响

调节变量	路径关系	松宽—紧严（L-T）	紧严—松宽（T-L）
管理层级	文化智力 —> 外派适应	0.79	0.88
非管理层级	文化智力 —> 外派适应	0.78	0.60

从表5.11中可以看出，在管理层级，外派人员从松宽文化环境外派到紧严文化环境的标准路径系数为0.79，小于从紧严文化环境外派到松宽文化环

境的标准路径系数 0.88，即在管理层级，外派人员从松宽文化环境外派到紧严文化环境，所面临的外派适应困难相对较少，文化智力对外派适应正向影响力加强，从紧严文化环境外派到松宽文化环境所面临的外派适应性困难增多。假设 2a 得到验证（见图 5.2 和图 5.3）。

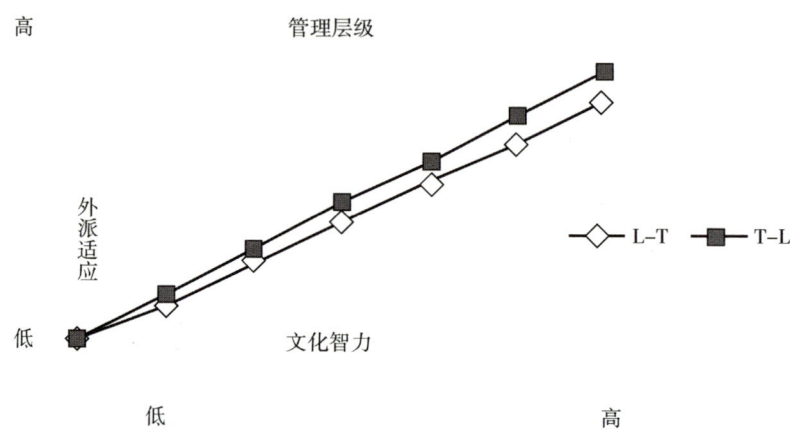

图 5.2　管理层级外派环境变化导致的外派适应性变化

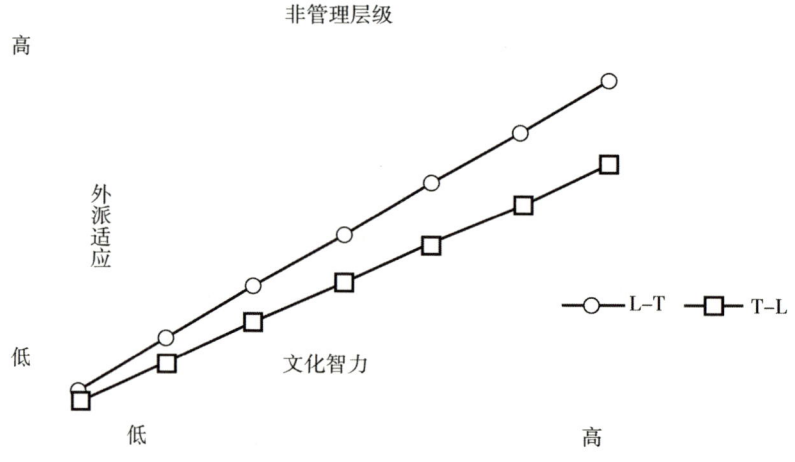

图 5.3　非管理层级外派环境变化导致的外派适应性变化

同理，在非管理层级，外派人员从松宽文化环境外派到紧严文化环境的标准路径系数为 0.78，大于从紧严文化环境外派到松宽文化环境的标准路径系数 0.60，即非管理层级外派人员从松宽文化环境外派到紧严文化环境，所面临的外派适应困难相对较多，从紧严文化环境外派到松宽文化环境所面临的外派适应性困难较少，所以假设 2b 得到验证。图 5.2 和图 5.3 是对假设 2a 和假设 2b 的验证结果图。

5.4 基于外派适应性的跨文化冲突预判

5.4.1 外派适应性的冲突预判

本节是基于事件的群体冲突预测方法针对前述假设进行外派适应的跨文化冲突预测。设一个二元组 IS ＝（U，A），其中 U 为外派人员对象的非空集合，A 为外派人员属性的非空有限集合，其中 A ＝ {适应，不适应}，对于所有 $a \in A$，存在一个映射 a：U—Va，Va 为属性 a 属性值域。如果将所考虑外派人员组成的集合看作是论域 U，外派人员之间涉及到的事件集合看作属性集 A，所有 $a \in A$，属性域 Va ＝ {-1，1}，其中 -1，1 分别表示外派人员对外派工作的表现关系为"趋向于""不趋向于"，由此得到基于二元组的冲突模型。在冲突局势 IS 框架内，可以分析外派人员相互之间的关系：

$$\varphi(x, y) = \begin{cases} a^2(x)\,a(y) & \text{其中 } a(x)\,a(y) > 0 \\ a^2(x) + a^2(y) & \text{其中 } a(x)\,a(y) < 0 \end{cases}$$

由关系函数 $\varphi(x, y)$ 可以定义 U 上各种基本关系。

定义 1（冲突关系与非冲突关系）：

如果 $\varphi(x, y) = 2$，则称 x、y 相互间具有冲突关系，记为 R2（x，y）。

如果 $\varphi(x, y) = 1 \vee \varphi(x, y) = -1$，则称 x，y 具有非冲突关系，记为 R (x, y)。

非冲突关系 R (x, y) 可以细分为以下两种关系 R1 (x, y)、R-1 (x, y) 的并集。

如果 $\varphi(x, y) = 1$，则称 x，y 具有"合作"，记为 R1 (x, y)。

如果 $\varphi(x, y) = -1$，则称 x，y 具有"冲突"，记为 R-1 (x, y)。

关系函数定理 1 ①R1，R-1 都是满足对称性和传递性的关系，②R 是 U×U 中等价关系。

证明 ① 由定义 1 可知，如果 R1 (x, y)，则 R1 (y, x)；如果 R1 (x, y) ΛR1 (y, z)，则 R1 (x, z)。同理可证 R-1 的情形。

证明② 注意到 R = R1UR-1，此时 R1 和 R-1 都是由"同号"意见值的外派人员组成，所以不难验证 R 是等价关系，并且 U/R = {U1, U-1}，其中，U1 由 U 中取"1"的外派人员组成，U-1 由 U 中取"-1"的外派人员组成。

5.4.2 单冲突群体冲突模型

设外派人员集合 U 中存在一个分划 $\Omega = (U_1, U_2, \cdots, U_m)$，a 是所涉及事件，值域 $V_a = \{1, -1\}$。根据关系函数定理，非冲突关系 R 是 $U_i \times U_i$ 中的等价关系，$U_i/R = \{U_i(1), U_i(-1)\}$（i = 1, 2, …, m），其中，$U_i(1)$、$U_i(-1)$ 分别是等价关系 R 在 U_i 上确定的"正"合作类与"负"合作类。

定义 2（单事件群体冲突模型）：一个 U 上基于信息系统的外派群体冲突模型为如下定义的三元组 (Ω, A, ξ)，其中，属性 A {-1, 0, 1}，信息函数 $\xi = (\xi_1, \xi_{-1})$，而 ξ_1，ξ_{-1} 分别为集函数：U → N，其中 $\xi_1(U_i) = |U_i(1)|$，$\xi_{-1}(U_i) = |U_i(-1)|$，$(1 \leq i \leq m)$，|E| 表示集合 E 的基数。

案例 1 本研究将外派个体不适应趋向于关系型冲突的数据集分类，编号 U1、U2、U3 分别代表心理文化不适应、社会文化不适应、中度适应，分别有 22、21、53 代表参加。其中每个代表都有各自对应的冲突类型，如表

5.12 所示。

表 5.12　外派群体的冲突模型

	1	−1
U1	4	18
U2	11	11
U3	25	27

因为不同外派人员的不适应状况可能会趋向于不同的冲突类型，所以笔者直接讨论多个冲突类型的分析方法。

5.4.3　多冲突群体冲突模型

在这里，笔者对多冲突模型的研究借助经济学中一个被称为"机会成本"（opportunity cost）的概念，即在决策过程中，选取某一方案而放弃另一方案所付出的代价。也就是说，在考虑多冲突模型中引入如下基本假设：由于各种条件的限制，在外派人员群体冲突分析过程中，对某一外派个体趋向于一种类型的冲突就需要不再属于其他任何一种冲突类型。满足上述基本假设冲突分析应当是一种基本情形，对于问题深入研究具有参考借鉴意义。

给定冲突局势 IS = {U，A}，根据某种标准将 U 中外派群体进行分组，得到划分 Ω = {U1，U2，…，U}，其中 UΩ = UΛUi ∩ Uj = φ（i ≠ j），A = {a1，a2，…，an}$\Lambda \forall$aj = {1，−1}，定义 Ω 到自然数集合 N 上信息函数集 ξ = {ξa1，ξa2，…，ξan}，ξaj(Ui) = |E(Ui，aj，1)|，其中 E(Ui，aj，1) 为 U i 中在冲突类型 aj 上取值为"1"，即对应冲突类型的外派人员的成员集合（1 ≤ i ≤ m，1 ≤ j ≤ n）。

定义 3：对给定冲突局势 IS = {U，A}，以上述 Ω 为论域，以外派人员属性 A 为属性集，以上述 ξ = {ξa1，ξa2，…，ξan} 为信息函数集而得到的三元组 ISO = (Ω，A，ξ) 称为多冲突群体模型。

案例 2　数据调查结果有 5 个冲突类型可供选择 a、b、c、d、e，分别代表关系型冲突、任务型冲突、过程型冲突、合作型冲突、竞争型冲突，U1、

U2、U3、U4、U5 分别代表中度适应、总体适应程度高、心理文化不适应、社会文化不适应、总体适应程度低 5 个外派群体，每个群体人数分别由 10 个、18 个、16 个、22 个和 9 个组成。每个群体中的外派个体都具有自主性，都有自己趋向于的冲突类型，可在最初一轮调查中，由各个群体中关于冲突趋向得到相应多冲突群体模型 ISO，如表 5.13 所示。

表 5.13 冲突初始模型

	a	b	c	d	e	total
U1	0	0	6	3	1	10
U2	0	0	4	10	4	18
U3	7	4	5	0	0	16
U4	6	10	6	0	0	22
U5	0	0	1	0	8	9

多事件群体冲突模型 ISO = (Ω，A，ξ) 中，群体 U_j 关于冲突趋向度定义为 $s(U_i, a_j) = \xi a_j(U_i)/|U_i|$，其中，$s(U_i, a_j)$ 表示该外派群体 U_j 中冲突 a_j 趋向的成员数在 U_j 的外派成员总数中所占比重。

在案例 2 中，由群体冲突模型 ISO 得到群体关于各个冲突趋向度如表 5.14 所示。

表 5.14 群体关于冲突趋向度

	a	b	c	d	e	total
U1	0	0	0.6	0.3	0.1	1
U2	0	0	0.2222	0.5556	0.2222	1
U3	0.4375	0.25	0.3125	0	0	1
U4	0.2727	0.4546	0.2727	0	0	1
U5	0	0	0.1112	0	0.8888	1

设 $s(U_i, a_{j0}) = MAX1 \leq j \leq n(s(U_i, a_j))$，设定一个阈值 $\varepsilon(s)$，$\varepsilon(s)$ 的取值需要保证决策态度的唯一性，即不出现既属于一种冲突又属于另一种冲

第5章 数据统计与结果分析

突的情况，一般的，$\varepsilon(s) \geq 0.5$）。

当 $s(Ui, aj0) \geq \varepsilon(s)$ 时，称外派群体 Uj 关于冲突集合 A 具有明显的趋向度。

当 $s(Ui, aj0) < \varepsilon(s)$ 时，称外派群体 Uj 关于冲突集合 A 不具有明显的趋向度。

给定阈值 $\varepsilon(s) > 0$，定义函数集合 $\xi = \{\xi a1, \xi a2, \cdots, an\}$ 如下：

如果外派群体关于冲突集合 A 具有明确的趋向度，即 $s(Ui, aj0) \geq \varepsilon(s)$ 则 $\xi aj0(Ui) = 1$，$\xi aj(Ui) = -1$，其中 $aj \in A \wedge j \neq j0$。

如果 Uj 关于冲突集合 A 不具有明显的趋向度，即 $s(Ui, aj0) < \varepsilon(s)$，则 $\xi aj(Ui) = 0 (1 \leq j \leq n)$。

定义 4（模糊冲突群体计算模型）：以冲突群体集合 $\Omega = \{U1, U2, \cdots, Un\}$ 论域，以 A 为属性集合，以上述定义的 $\zeta = \{\zeta a1, \zeta a2, \cdots, \zeta an\}$ 为信息函数集合的三元组 $ISI(\varepsilon 0) = (\Omega, A, \zeta)$ 称为基于参数 $\varepsilon 0$ 的多冲突中立外派群体模型。其中对应于冲突集合 A 中的取值全为"0"的外派群体称为给定冲突局势中"模糊"群体。

在案例 2 中如果假设 $\varepsilon 0 = 0.5$，则得到基于 $\varepsilon 0 = 0.5$ 的各多冲突群体模型 $ISI(0.5) = (\Omega, A, \zeta)$，如表 5.15 所示。

表 5.15 多冲突群体模糊模型 ISI（0.5）

	a	b	c	d	e
U1	-1	-1	1	-1	-1
U2	-1	-1	-1	1	-1
U3	0	0	0	0	0
U4	0	0	0	0	0
U5	-1	-1	-1	-1	1

由表 5.15 可知，U1、U2、U5 是趋向度明确的，即中度适应的外派群体趋向过程型冲突，总体适应度高的外派群体趋向合作型冲突，总体适应度低

的外派群体趋向竞争型冲突。但是 U3、U4 的趋向度是不明确的，所以要进一步根据其自身的"品质"和外界对他们的影响来进行分析和预测。

5.4.4 冲突分析及预测

在对外派群体进行冲突预测过程中，笔者不能忽略外部环境和外派个体本身的影响。

定义 5（冲突影响度）：设 $|a_j(U_i, 1)|$ 表示对冲突 a_j 有趋向度的外派群体个数，$|a_j(U_i, 0)|$ 表示趋向度不明确的外派群体个数，某一冲突对模糊群体朝趋向 a_j 方向的影响度 $d(a_j)$ 定义为：

$$d(a_j) = |a_j(U_i, 1)| / (|\Omega| - |a_j(U_i, 0)|)$$

$d(a_j)$ 表示支持时间 a_j 的外派群体数目占所有态度明确的总的外派人员数目的比例。

由表得到冲突外部环境对模糊群体的影响度如表 5.16 所示。

表 5.16 各个冲突类型影响度

	影响度（%）
a	0
b	0
c	0.33
d	0.33
e	0.33

在实际应用中，相同的影响力在不同的外派群体上得到的效果不同，对每一个外派群体 U_i 引入群体自我调节能力 $\lambda(U_i)$ 和是适应能力 $\mu(U_i)$，它们可以通过经验或专家途径获取。

对于案例 2，假设相应群体的性质指标如表 5.17 所示。

第 5 章　数据统计与结果分析

表 5.17　自我调节能力 λ 适应能力 μ

	λ	μ
U1	0.70	0.30
U2	0.50	0.50
U3	0.80	0.20
U4	0.80	0.20
U5	0.70	0.30

定义 6（外部环境影响下模糊群体趋向度）：对于外派群体 Uj，定义 $T'(Ui, aj) = \lambda(Ui)s(Ui, aj) + \mu(Ui)d(aj)$，称 $T'(Ui, aj)$ 为结合群体自身状况和外部环境影响对冲突的趋向度。

设 $M(T'(Ui))$ 表示 Ui 的趋向度中占据比例最高的冲突，$MAX(T'(Ui, aj))$ 表示趋向度最高的冲突趋向度，设定一个阈值 ε1。

若 $MAX(T'(Ui, aj)) \geq \varepsilon 1$，则表示外派群体 Ui 趋向于 $MAX(T'(Ui, aj))$ 所表示的冲突。

若 $MAX(T'(Ui, aj)) < \varepsilon 1$，则表示外派群体 Ui 不趋向于 $MAX(T'(Ui, aj))$ 所表示的冲突。

在案例 2 中，U3 和 U4 两群体模糊，根据表 5.10、表 5.12、表 5.13，设定阈值 ε1 = 0.35，可得到如下结论：

表 5.18　模糊群体的 T′ 值

	T′(a)	T′(b)	T′(c)	T′(d)	T′(e)
U3	0.35	0.20	0.31	0.06	0.06
U4	0.28	0.36	0.27	0.06	0.06

表 5.19　模糊群体的趋向度

	T′(a)	T′(b)	T′(c)	T′(d)	T′(e)
U3	1	−1	−1	−1	−1
U4	−1	1	−1	−1	−1

由表 5.18、表 5.19 可得，U3 群体即心理文化不适应外派群体趋向于关系型冲突，U4 群体即社会文化不适应群体趋向于任务型冲突。

综上，心理文化不适应外派群体趋向于关系型冲突，社会文化不适应群体趋向于任务型冲突，中度适应的外派群体趋向于过程型冲突，总体适应度高的外派群体趋向于合作型冲突，总体适应度低的外派群体趋向于竞争型冲突。

5.5 定性比较分析

在上述定量结构方程模型方法实证的基础上，笔者采用目前前沿的定性比较分析（QCA）方法对实证结果进行定性定量结合的进一步检验。定性比较分析方法不只是对可见组态的描述，还引入不可见组态到布尔最小化过程中，这种不可见组态被称为逻辑余项，因此笔者能得出更简洁的解（Ragin & Rihoux，2004x；Rihoux，2006）。最小化过程的最后一步，可分别运行得出使结果出现和不出现的最小化公式。在此基础上，需分析是否出现逻辑上的矛盾，即是否有一个公式代表两个产生不同结果的案例，即这两个案例的结果是相对的。如果出现这种情况，就表示产生的 QCA 结果是无效的结果。这种无效结果只有在使用 csQCA 时会出现，因为它没有程度的差异，只有兴致的差异，所以，如果笔者使用能表示程度差异的 fsQCA 时，基本上就不会存在这种矛盾组态。引入逻辑余项的算法程序和只考虑可见组态的程序相似，如果不对变量设置出现（present）与不出现（absent），算法就会识别所有的逻辑余项得出表示结果的更简洁的最小化公式。然而，实际上，算法只使用那些能帮助使结果更简洁的逻辑余项。包含逻辑余项和不包含逻辑余项最小化程序的主要区别在于包含逻辑余项的解为简洁解，也可以说是更一般化的结论，不包含逻辑余项的解为复杂解，简洁解中的条件为核心条件，包含在

第5章 数据统计与结果分析

复杂解中但不包含在简洁解中的条件为边缘条件。

本研究中的 QCA 模型包含 1 个结果变量和 6 个解释变量，均进行了二分编码。下文将给出对每个变量的定义。本研究采用李克特量表 1 到 7 对每个变量打分，4 作为中间值，也就是 QCA 程序中设定的最模糊的点 0.5。本研究涉及定性比较分析具体实践操作步骤如下：

步骤一，用 csQCA 将前两个条件编码为 0 和 1，0 代表相对应变量的不出现，1 代表出现。本研究第一个变量为 PostLevel，代表外派人员职位，如果其职位是管理层，笔者用变量（variables）菜单中的计算（compute）函数设定其模糊值为 1，如果是外派人员为非管理层，那么笔者用计算（compute）函数设定其结果为 0。第二个变量为 CulFlow，表示外派人员流向。本书将外派人员动态文化流向由松宽到紧严设为 1，反之设为 0。由于本书对剩下的变量采用李克特量表 1 到 7，1 表示相应变量不出现，7 表示变量出现，4 表示最不确定变量出现或者不出现，即 QCA 术语中所谓的"最模糊的点"，因此在软件分析过程中，它自动删除标有数据 4 这一行，如果数据超过 4 或者低于 4 一点点，比如 4.01 或者 3.99 这类数据也会由于四舍五入而被自动忽视。后四个条件变量和结果变量由于不能直接二分，或者说二分会导致结果的不准确，所以本研究采用 QCA 软件中的 calculate 函数，分别选定要计算模糊值的变量，并对它们分别重新命名，设定完全隐藏（fully in：1）、完全显现（fully out：7）和最大模糊点（4）后计算出相应的 fsQCA 值。计算函数（compute）用来设定 csQCA 的值，而 calculate 函数则用来计算 fsQCA 的值。

步骤二，由于组态是布尔代数中的基础分析单元，个别发生频率很低的组态不能作为产生结果的充分条件，需加入理论和经验进行深入判断；同时，设定一致性极限值，当行的一致性超越这个极限值时将结果赋值为 1，否则赋值为 0。点选菜单中的分析（analyze）按钮选定条件（causal conditions）和结果（outcome）创建真值表（truth table），点选 edit 输入频数极限值，软件将删除频数极限值以下的行，只留下极限值及以上的行，同时输入一致性极限值，软件自动筛选出高于一致性值以上的组态。

步骤三，进行标准分析（standard analysis）。选择变量的出现（present）与不出现（absent），如果不能确定变量的存在与否，软件会自动默认变量的出现或不出现。点选确定按钮后，文本框中出现的复杂解（complex solution）及其一致性和覆盖度都是由所有可见组态得出的结论。简洁解及其相应的一致性和覆盖度是在可见组态的基础上加入所有的逻辑余项后得出的。根据经验理论，通过选定变量出现还是不出现剔除掉部分的逻辑余项得出中间解。如果没有充分的理由选择结果出现还是不出现，软件就会选定默认值"present or absent"。值得注意的是，基于现实情况更接近于因果关系非对称性，所以本书分别讨论了结果的出现和不出现这两方面是相对科学的。表5.20是通过可见组态得出的导致结果出现的条件组态，即复杂解。

表5.20 导致结果出现的可见条件组态真值表

	PostLevel	CultFlow	MCCIfz	COGCIfz	MOTCIfz	BEHCIfz	SCAfz	SYM consist.
1	0	0	1	1	1	1	1	0.99
2	1	0	1	1	1	1	1	0.98
3	0	0	1	0	1	1	1	0.97
4	1	1	1	0	1	1	1	0.97
5	1	1	1	1	1	1	1	0.97
6	0	0	0	1	1	1	1	0.96
7	0	1	1	1	1	1	1	0.95
8	0	0	1	0	1	0	1	0.94
9	1	0	1	0	1	1	1	0.93
10	0	0	1	1	0	1	1	0.93
11	0	0	1	0	0	1	1	0.91
12	1	1	0	1	1	1	1	0.90
13	0	1	1	1	1	1	1	0.88
14	0	0	1	0	0	0	1	0.83
15	1	0	1	1	0	1	0	0.78
16	1	1	1	0	1	0	0	0.75

第 5 章　数据统计与结果分析

续表

	PostLevel	CultFlow	MCCIfz	COGCIfz	MOTCIfz	BEHCIfz	SCAfz	SYM consist.
17	1	1	0	0	1	0	0	0.73
18	0	0	0	0	0	0	0	0.72
19	1	1	1	0	0	0	0	0.72
20	1	0	1	0	0	1	0	0.69
21	1	0	1	0	0	0	0	0.60
22	1	1	0	1	0	0	0	0.59
23	1	0	0	0	1	0	0	0.36
24	1	1	0	0	0	0	0	0.23
25	1	0	0	0	0	0	0	0.10
26	0	1	0	0	0	0	0	0.04

注：PostLevel＝职位的模糊值，CultFlow＝文化流向的模糊值，MCCIfz＝文化智力元认知的模糊值，COGCIfz＝文化智力元认知的模糊值，MOTCIfz＝动机的文化智力元认知的模糊值，BEHCIfz＝行为文化智力模糊值，SCAfz＝社会文化适应能力平均值的模糊值，一致性表示条件隶属于结果的程度。

在清晰集中，观察原始一致性是很重要的，所以笔者考虑将一致性超过 0.8 的组态作为解。在模糊集中，观察 SYM 一致性也同样重要。一般情况下，笔者设定一致性的极限值为 0.8、0 和 1 分别代表变量出现和不出现。由于本书无法判断导致结果的三维度哪个更重要，所以选取这三个维度数原始值的平均值表示结果的原始值，继而用软件的 calculate 函数计算出结果的模糊值，本书选用六个条件变量解释结果。

5.5.1　分析结果的出现（present）

（1）可见组态的最小化计算。表 5.21 只包含可见组态的复杂解，表中列出的所有的组态都是结果产生的原因，每一行均为解释结果出现的可能组态。表示外派人员适应能力的最小化公式表达如下：

$$SCA = MCCIfz \times MOTCIfz \times BEHCIfz + \sim PostLevel \times \sim CultFlow \times MCCIfz \times$$
$$(\sim COGCIfz + BEHCIfz) + (\sim PostLevel \times \sim CultFlow + PostLevel \times$$
$$CultFlow) \times COGCIfz \times MOTCIfz \times BEHCIfz$$

可见，用此最小化公式表示的外派人员的适应能力的原因是多样且复杂的。

表 5.21 导致结果出现的条件组态复杂解

条件组态	一致性
MCCIfz×MOTCIfz×BEHCIfz	0.97
~PostLevel×~CultFlow×MCCIfz×~COGCIfz	0.96
~PostLevel×~CultFlow×MCCIfz×BEHCIfz	0.96
~PostLevel×~CultFlow×COGCIfz×MOTCIfz×BEHCIfz	0.98
PostLevel×CultFlow×COGCIfz×MOTCIfz×BEHCIfz	0.97

注：PostLevel=职位的模糊值，CultFlow=从松宽到紧严的文化流向模糊值，MCCIfz=文化智力元认知的模糊值，COGCIfz=文化智力元认知模糊值，MOTCIfz=动机的文化智力元认知模糊值，BEHCIfz=行为文化智力模糊值，一致性表示条件隶属于结果的程度。

由表 5.21 可见，不论外派人员是从松宽到紧严的文化流向还是从紧严到松宽的文化流向，只要有高水平的元认知、动机文化智力和行为文化智力，都能很好地适应跨文化环境。要使非管理层从紧严到松宽的跨文化适应能力强，就需要具有高水平的元认知和低水平的认知文化智力或者高水平的行为文化智力。非管理层从紧严到松宽的制度或者管理层由松到紧的制度就需要具备高水平的认知文化智力、动机和行为文化智力。

（2）加入逻辑余项的最小化表达式计算。加入逻辑余项后的最小化公式有两个，由于逻辑无法判断哪个组态更重要，所以笔者选择都保留，结果出现的可能组态简洁解如表 5.22 中列出的所有组态都表示能导致外派人员适应出现的组态，公式为：

$$SCA = \sim PostLevel \times MCCIfz + MOTCIfz \times BEHCIfz$$

第 5 章 数据统计与结果分析

表 5.22 导致结果出现的条件组态简洁解

条件组态	一致性
~PostLevel×MCCIfz	0.91
MOTCIfz×BEHCIfz	0.96

注：PostLevel=职位的模糊值，MCCIfz=文化智力元认知的模糊值，MOTCIfz=动机的文化智力元认知模糊值，BEHCIfz=行为文化智力模糊值，一致性表示条件隶属于结果的程度。

很明显，上述简洁解的最小化公式比复杂解的最小化公式要更精炼，因此，在解释外派人员适应能力时，笔者能得出更一般化的结论，即具有高水平元认知的非管理层的适应能力更好，但更可贵的结论是只要外派人员具有高水平的行为和动机的文化智力，就趋向于更好地适应外派环境。

（3）结果出现的可能组态中间解计算。由于条件是否出现具有不确定性，故在表 5.23 中给出中间解。

表 5.23 导致结果出现的条件组态中间解

条件组态	一致性
MCCIfz×MOTCIfz×BEHCIfz	0.97
~PostLevel×~CultFlow×MCCIfz×~COGCIfz	0.96
~PostLevel×~CultFlow×MCCIfz×BEHCIfz	0.96
~PostLevel×~CultFlow×COGCIfz×MOTCIfz×BEHCIfz	0.98
PostLevel×CultFlow×COGCIfz×MOTCIfz×BEHCIfz	0.97

注：PostLevel=职位的模糊值，CultFlow=从松宽到紧严的文化流向模糊值，MCCIfz=文化智力元认知的模糊值，COGCIfz=文化智力元认知模糊值，MOTCIfz=动机的文化智力元认知模糊值，BEHCIfz=行为文化智力模糊值，一致性表示条件隶属于结果的程度。

以上列出的所有组态都是结果产生的原因，每行均为解释结果出现的可能组态。表示外派人员适应能力的最小化公式如下：

$$SCA = MCCIfz \times MOTCIfz \times BEHCIfz + \sim PostLevel \times \sim CultFlow \times MCCIfz \times (\sim COGCIfz + BEHCIfz) + (\sim PostLevel \times \sim CultFlow + PostLevel \times CultFlow) \times COGCIfz \times MOTCIfz \times BEHCIfz$$

通常中间解被认为是最有价值的,根据以上中间解的表格,笔者得出四类基本结论。第一,不管外派人员是从松宽到紧严的文化流向还是从紧严到松宽的文化流向,只要具有高水平的元认知、动机文化智力和行为文化智力,均能很好地适应东道国的文化环境。第二,如果要使非管理层从紧严到松宽的跨文化适应能力强,就需要具有高水平的元认知和低水平的认知文化智力或者高水平的行为文化智力。第三,管理层由松宽到紧严的制度需要具备高水平的认知文化智力、动机和行为文化智力。第四,非管理层从紧严到松宽的制度需要具备高水平的认知文化智力、动机和行为文化智力。

5.5.2 分析结果不出现(absent)

表 5.24 给出能导致结果不出现的条件组态真值表。

表 5.24 结果不出现的条件组态真值表

PostLevel	CultFlow	MCCIfz	COGCIfz	MOTCIfz	BEHCIfz	~SCAfz	SYM consist
0	1	0	0	0	0	1	0.95
1	0	0	0	0	0	1	0.89
1	1	0	0	0	0	0	0.76
1	0	0	0	1	0	0	0.63
1	1	0	1	0	0	0	0.40
1	0	1	0	0	0	0	0.39
1	0	1	0	0	1	0	0.302
1	1	1	0	0	0	0	0.27
0	0	0	0	0	0	0	0.27
1	1	1	0	0	0	0	0.26
1	1	1	0	1	0	0	0.24
1	0	1	1	0	0	0	0.21
0	0	1	0	0	0	0	0.16
0	1	1	0	0	0	0	0.11
1	1	0	1	1	1	0	0.09

续表

PostLevel	CultFlow	MCCIfz	COGCIfz	MOTCIfz	BEHCIfz	~SCAfz	SYM consist
0	0	1	0	0	1	0	0.08
0	0	1	1	0	1	0	0.06
1	0	1	0	1	1	0	0.06
0	0	1	0	1	0	0	0.05
0	1	1	1	1	1	0	0.04
0	0	0	1	1	1	0	0.03
1	1	1	1	1	1	0	0.02
1	1	1	0	1	1	0	0.02
0	0	1	0	1	1	0	0.02
1	0	1	1	1	1	0	0.01
0	0	1	1	1	1	0	0.01

注：PostLevel=职位的模糊值，CultFlow=文化流向的模糊值，MCCIfz=文化智力元认知的模糊值，COGCIfz=文化智力元认知的模糊值，MOTCIfz=动机的文化智力元模糊值，BEHCIfz=行为文化智力模糊值，SCAfz=社会文化适应能力平均值的模糊值，一致性表示条件隶属于结果的程度。

（1）可见组态的最小化计算。表 5.25 只包含可见组态的复杂解，表中所列组态解释了条件不发生的复杂解最小化公式如下：

$$\sim SCA = (\sim PostLevel \times CultFlow + PostLevel \times \sim CultFlow) \times \sim MCCIfz \times \sim COGCIfz \times \sim MOTCIfz \times \sim BEHCIfz$$

表 5.25　结果不出现的可能组态复杂解

条件组态	一致性
PostLevel×~CultFlow×~MCCIfz×~COGCIfz×~MOTCIfz×~BEHCIfz	0.92
~PostLevel×CultFlow×~MCCIfz×~COGCIfz×~MOTCI×~BEHCIfz	0.99

注：PostLevel=职位的模糊值，CultFlow=从松宽到紧严的文化流向模糊值，MCCIfz=文化智力元认知的模糊值，COGCIfz=文化智力元认知模糊值，MOTCIfz=动机的文化智力元认知模糊值，BEHCIfz=行为文化智力模糊值，一致性表示条件隶属于结果的程度。

由表 5.25 可知，管理层从紧严到松宽的文化流向，同时表现出低水平的行为文化智力，则趋向于很难适应东道国文化。而非管理层从松宽到紧严的文化流向，如果同时也表现出低水平的行为文化智力，则也趋向于难以适应东道国的社会文化。以上表示外派个体不适应东道国文化的最小化公式相对简洁。

（2）包含逻辑余项的最小化计算。导致外派人员不适应的包含所有逻辑余项的组态如表5.26所示，表格列出的是表示所有导致结果不出现的组态，最小化公式如下：

$$\sim SCA = \sim PostLevel \times CultFlow \times (\sim BEHCIfz + \sim MOTCIfz) + PostLevel \times \sim CultFlow \times \sim MCCIfz \times \sim MOTCIfz$$

表 5.26　结果不出现的可能组态简洁解

条件组态	一致性
PostLevel×~CultFlow×~MCCIfz×~MOTCIfz	0.91
~PostLevel×CultFlow×~BEHCIfz	0.90
~PostLevel×CultFlow×~MOTCIfz	0.95

注：PostLevel＝职位的模糊值，CultFlow＝文化流向的模糊值，MCCIfz＝文化智力元认知的模糊值，MOTCIfz＝动机的文化智力模糊值，BEHCIfz＝行为文化智力模糊值，一致性表示条件隶属于结果的程度。

由表5.26可知，当非管理层从松宽到紧严的文化流向时，如果缺乏动机或行为文化智力，则趋向于适应不了东道国文化。而管理层从紧严到松宽的文化流向，如果同时表现出低水平的元认知和动机文化智力，也趋向于适应不了东道国文化。最小化公式显示动机或者行为文化智力对于管理层从紧严到松宽的文化流向是必要的。

（3）结果不出现的可能组态中间解。表5.27给出的组态解释了条件不发生的情况下的中间解，即在无法判断哪些条件发生，哪些条件不发生的情况下，得出的中间解和复杂解没有区别。最小化公式如下：

$$\sim SCA = (\sim PostLevel \times CultFlow + PostLevel \times \sim CultFlow) \times \sim MCCIfz \times \sim COGCIfz \times \sim MOTCIfz \times \sim BEHCIfz$$

第5章 数据统计与结果分析

表 5.27 结果不出现的可能组态中间解

条件组态	一致性
PostLevel× ~ CultFlow× ~ MCCIfz× ~ COGCIfz× ~ MOTCIfz× ~ BEHCIfz	0.92
~ PostLevel×CultFlow× ~ MCCIfz× ~ COGCIfz× ~ MOTCIfz× ~ BEHCIfz	0.99

注：PostLevel = 职位的模糊值，CultFlow = 从松宽到紧严的文化流向模糊值，MCCIfz = 文化智力元认知的模糊值，COGCIfz = 文化智力元认知模糊值，MOTCIfz = 动机的文化智力元认知模糊值，BEHCIfz = 行为文化智力模糊值，一致性表示条件隶属于结果的程度。

由表 5.27 可知，当管理层从紧严到松宽的文化流向时，同时表现出低水平的行为文化智力，则趋向于很难适应东道国文化。而非管理层从松宽到紧严的文化流向，若同时表现出低水平的行为文化智力，亦趋向于难以适应东道国的社会文化。基于以上表格，笔者得出一般结论，即低水平文化智力的外派个体，无论是管理层从紧严到松宽的文化流向，还是非管理层从松宽到紧严的文化流向，均趋向于难以适应东道国的社会文化。

5.5.3 结果讨论

前文笔者假设文化智力（四个维度）与外派适应正相关，在结构方程模型中也显示正相关，但定性比较研究得出的结论只是部分验证了这个假设，如果外派人员的认知文化智力不显著，但依然能很好地适应东道国的文化环境，从四个维度分析外派人员的文化智力是本研究较前人研究有所改进的地方，研究发现其他三个方面的文化智力对于分析外派人员适应能力的研究来说更重要。但是从反面来讲，当外派个体职位和文化流向一定时，即管理层从紧严到松宽的文化流向或是非管理层从松宽到紧严的文化流向，四个维度的文化智力就都显得尤为重要。前文中笔者假设管理层从松宽的文化环境被外派到紧严的文化环境时，可能适应东道国的文化环境，如果其文化智力较高的话，适应能力就会更凸显；但如果管理层的文化流向是从紧严的环境到松宽的环境，其适应能力很大程度上取决于他们的文化智力，只有文化智力偏高时，才可能适应东道国的文化环境，更好地在团队中发挥作用。

定性比较分析研究结论显示，管理层从松宽的文化环境被派到文化环境紧严的东道国，需要具备较高水平的认知、动机和行为文化智力。由此可见，之前在结构方程模型中所得出的结论可能需要更为谨慎的考虑，仅仅是管理层由松宽到紧严并不能充分证明外派人员能很好地适应当地文化，还需要他们具备较高的认知文化智力、动机和行为文化智力，这时候，对元认知文化智力相对来说就没那么苛刻了，允许管理者的元认知文化智力可以相对偏低。但是在管理层从紧严的文化环境转入到相对松宽的文化环境时，适应能力受文化智力的影响较大，只有满足四个维度的文化智力都相对较高的情况下，管理层才能表现出较为适应的状态。

在研究非管理层的问题时，笔者同样考虑从文化环境松宽的国家到文化环境紧严的国家，要使外派人员的适应度好，对他们的文化智力提出的要求就相对高很多，而如果非管理层从文化程度紧严的国家被外派到文化环境相对松宽的国家时，他们所面临的适应性难度将大大减小，文化智力依然对外派人员的适应能力起到正向的影响作用。故非管理层外派者从文化环境松宽到相对紧严的国家，则需要具备高水平的元认知、动机文化智力和行为文化智力；而非管理层外派人员从文化环境紧严的国家到相对松宽的国家，则需要具备高水平的认知文化智力、动机和行为文化智力才能展现出较好的适应能力，可见相较于非管理层，从松宽的文化环境到紧严的文化环境，他们从紧严的文化环境到松宽的文化环境只需要满足总体认知的高水平，就能轻易获得非管理层外派者对东道国外派环境的良好适应性，不需要个体具备高水平的元认知文化智力，也就是说，如果非管理层的文化流动是从松宽的文化环境到紧严的文化环境，对他们的文化智力要求就没有那么苛刻，这也在一定程度上重复验证了笔者先前经过结构方程模型所验证的假设，但定性比较分析方法得出的结论更细致，也更具体。

具有高文化智力的外派个体会将移情效应作为构建关系的基础（Earley & Peterson, 2004），该特征能鼓励他们在解决冲突时考虑其他人的利益，所以高文化智力的个体在跨文化冲突中更有可能倾向于选择双赢或共赢的解决方案，以满足每一个体的利益，因此通过合作型冲突管理方式谋求共赢的方案就会成为想要满足多方利益和解决冲突的高文化智力外派人员的优先选择。本研究假设跨文化冲突管理方式在文化智力和外派适应性之间起中介作用，高文化智力的主体能够通过高水平的认知文化智力促成对恰当的管理冲突策略的选择，以改善其外派适应性的程度，更有可能选择合作型策略而避免竞争型策略以确保外派冲突的有效预防；相反，低文化智力的个体更趋向于采取竞争型冲突管理方式，造成外派不适应。也就是说，如果两国公司是合作型跨文化冲突管理方式，那么高文化智力的外派人员就能在其中游刃有余，发挥他们自身的优势，因而他们更能适应东道国的文化环境。高文化智力的外派人员能够在无认知层面警觉到竞争方式的负面效果，成为双方有效合作及任务完成的障碍，降低组织活力与凝聚力。从另一个角度来讲，如果两国公司之间是竞争型的跨文化冲突管理方式，那么如果外派人员有高水平的文化智力，反而成为他们适应外派地区文化环境的阻碍因素。前文提出外派人员的外派适应能力由两方面组成：心理文化适应和社会文化适应。心理文化适应就是外派人员的身心健康和主观幸福感。在跨文化经历中，如果外派人员表现出身心健康和主观幸福感，就说明他们的心理上已经适应了东道国的文化环境。本研究也指出关系型冲突即组织成员之间存在个性、价值观等方面的差异，这些差异引发成员之间的敌对、抵触、紧张和愤怒等负面情绪。

数据结果表明，如果外派人员存在心理文化不适应，那么他们往往趋于关系型冲突。本研究还提出社会文化适应是指适应当地环境的能力，例如能否与当地人顺利沟通等，对当地文化强烈的认同与社会文化适应相联系。而外派人员在国外公司中会面临工作任务上的冲突，如适应新工作的要求、适应新公司的管理与新领导的风格等方面的任务型冲突。结果也显示外派人员不适应社会文化，即无法与当地人顺利沟通交流，他们往往趋于任务型冲突，也就是说他们很难完成工作上的任务，由于不适应工作任务而被派遣回国。定性比较分析结论显示，四个维度的文化智力都高的那些外派人员总体的适应程度也高，以上结论进而说明了那些文化智力高的外派人员趋于合作型冲突，由此，笔者可以间接论证假设5，即总体适应程度高的外派主体趋向于合作型冲突，基于此，如果按照传统的假设因果关系对称性，笔者可以得出如假设5的后半部分结论。事实并非如此，定性比较分析得出更为细致的结论是，只要外派人员表现出低水平的文化智力，不管他是管理层从紧严到松宽的文化流向还是非管理层从松宽到紧严的文化流向，外派人员都会不适应东道国的社会文化。可见外派人员表现出四个维度都低的文化智力，他们的总体适应程度也低，且更趋向于竞争型冲突，但这不是针对所有的外派人员且无关文化流向的。定性比较分析得出此结论只在管理层从文化紧严的国家被外派到文化环境相对松宽的国家时，或者在非管理层被外派到文化环境相对紧严的国家时才适用。这也是本书利用QCA方法假设因果关系非对称性得出的重要结论，相对于以往的研究，更严谨求实。

本研究定性比较分析的局限性主要在于普遍的方法偏见。从三个维度阐述外派人员对东道国文化环境的适应能力，即工作的适应能力、与东道国国民互动适应能力以及对一般生活环境的适应能力三个维度。由于本书暂时无法区分这三个维度的哪个方面对于反映外派人员适应东道国文化更重要，所以本研究假设这三个维度是同等重要的，所以在表示外派人员适应程度的时候，也就是本研究中的结果变量，选用了三个维度的平均值。基于现实原因，软件开发尚未完善，当前技术只支持处理一个结果变量，但可分析多个条件变量。笔者将所有可能导致外派人员适应的条件都列入到定性比较分析中，相比前面只考虑一个文化智力的研究，本研究由于方法创新有了新的突破，这在研究外派人员适应能力方面有了更详细且严谨的结论。

5.6 小结

本章通过对中资企业进行调研数据的分析，讨论了文化智力与文化距离如何影响外派适应的问题，研究发现：①文化智力对外派人员的外派适应具

第5章 数据统计与结果分析

有影响；②合作型跨文化冲突管理方式和竞争型跨文化冲突管理方式，即跨文化冲突管理方式在文化智力与外派适应之间起中介作用；③文化距离对外派人员文化智力与外派适应起调节作用，并且从松宽文化到紧严文化的调节作用低于从紧严文化到松宽文化的调节作用。当管理层人员从松宽文化环境外派到紧严文化环境时，所面临的适应性困难相对较少，文化智力对外派适应正向影响力加强。相反，从紧严环境外派到松宽环境时，所面临的适应性困难增多，需要更高层次的文化智力，文化智力对外派适应正向影响力减弱。在管理层级，通过对从松宽文化环境到紧严文化环境文化智力对外派适应的路径系数和从紧严文化环境到松宽文化环境文化智力对外派适应的路径系数，两个路径系数进行对比得出结论，冲突预判部分通过变量之间的相关系数根据其显著性得出结论。总之，本研究经过定性定量结合的假设验证结果总结如表5.28所示。

表5.28 假设验证结果总结

	假设	检验结果
假设1	文化智力与外派适应正相关	部分成立
假设2a	当管理层人员从松宽文化外派到紧严文化环境时，所面临的适应性困难相对较少，文化智力对外派适应正向影响力加强。相反，从紧严文化外派到松宽文化环境时，所面临的适应性困难增多，需要更高层次的文化智力，文化智力对外派适应正向影响力减弱	成立
假设2b	当非管理外派人员从松宽文化外派到紧严文化环境时，所面临的适应性困难相对较多，需要更高层次的文化智力，文化智力对外派适应正向影响力减弱；相反，从紧严文化外派到松宽文化环境时，所面临的适应性困难减少，文化智力对外派适应正向影响力加强	成立
假设3a	文化智力与合作型跨文化冲突管理方式正相关，而与竞争型冲突管理方式负相关	成立
假设3b	合作型冲突管理方式正向影响外派适应，而竞争型冲突管理方式负向影响外派适应	成立

续表

假设		检验结果
假设4	心理文化不适应的外派群体趋向关系型冲突，而社会文化不适应的外派群体趋向任务型冲突	成立
假设5	总体适应程度高的外派群体趋向合作型冲突，而总体适应程度低的外派群体趋向竞争型冲突	成立

第6章 结论与建议

6.1 宏观分析结论

本节从宏观政策层面分析,得出以下结论:

(1) 中央政府可以基于"一带一路"倡议,制定更有利于外派发展的政策。总体上,我国外派区域发展不平衡,由于东部沿海地区优越的地理环境,我国外派劳务人员多出自于该地区。政府可充分重视外派发展不平衡问题,在"走出去"战略背景下,利用西部边疆地区面向东南亚、南亚的优势地理位置,着力发展外派劳务,改善西部内陆地区就业环境。

回顾第1章,其中介绍了中资企业外派面临的一系列问题,它们主要存在于劳务资源储备有限、不合理的对外工程承包和劳务输出增长方式、不具有独特的劳务外派品牌以及劳务人员的外语水平和技术能力有限、劳务输出国的同质竞争、企业开拓市场经验不足、国际市场战略指导与规划缺乏技巧、政治风险和管理人才不足等方面。针对目前存在的这些问题,有以下几点建议,以期大环境的改善能有助于解决中资企业外派方面的现状问题。第一,中央政府可考虑转变外派增长方式。政府外派发展需要提高水平、拓宽领域,在巩固传统市场的同时,扩大工程师、教师、设计师、医护人员等高层次外派人员的输出规模,拓展文化教育、医疗卫生、科学技术等新领域。政府可促进外派人员从之前单纯的劳动力外派转变为更有技术含量、具有熟练技能的技术人才输出,提高外派附加值。第二,加强对外沟通交涉,创造良好的经营环境。推动对外劳务合作是商务部的一项重要职责,但它是一项系统工程,需要各部门的紧密合作。因此要加强外交、商务、劳动、教育等政府部门的相互沟通,达成更多共识,形成更大合力,推动对外劳务合作的健康、快速发展。第三,国家商务部可综合运用政治和经济等各种外交手段,针对不同国别,入乡随俗,研究商签移民协定的可能;在 WTO 和国际劳工组织中,可更主动、更有建设性地支持发展中国家要求发达国家开放劳务市场的立场;加强双边和多边谈判,积极开展与主要劳务需求国之间的交流与合作,推动签订国际劳务合作协议,减少其对中资企业对"一带一路"沿线国家外派劳务的种种政策和实际限制。第四,可以考虑鼓励承包商会作为行业组织,充分利用与"一带一路"倡议部署相关的促进政策,积极与国外有关机构合作与沟通,协助维护经营公司和外派劳务人员的合法权益。同时不断开拓欧美等发达国家市场,通过广泛地签订双边劳务合作协定,争取外派劳工配额,推动欧美外派业务的发展。第五,努力完善对外劳务合作促进体系保障制度十分重要。为促进对外劳务合作健康发展,可建立一套健全的对外劳务合作促进体系,在发挥商会重要作用的基础上进一步提高其服务水平。商会可增强服务意识,扩大服务范围,强化咨询、信息、培训服务功能,把解决会员实际需要作为服务内容的重中之重。可以建立面向经营公司的服务体系,提高经营公司市场开发能力和抗风险能力,促进行业的健康发展。加速建立信息服务网络,向企业提供各国别地区的政治、经济等投资环境,当地投资程序、政策法规、合同形式及其他基础信息,提供介绍合作伙伴、合作项目等服务。也可以建立面向外派劳务人员的服务体系,激发劳务人员出国务工的积极性。包括为出国劳务人员提供医疗和养老保险等社会保障、为归国劳务人员的重新安置就业提供帮助和扶持、设立为劳务人员提供法律、心理和业务服务的咨询机构等。

(2)地方政府可以考虑鼓励中资企业树立外派品牌意识,制定既符合本

第 6 章 结论与建议

地区实际又具有国际特点的外派品牌政策。在制定就业培训规划、整合教育培训资源、大力发展职业教育、提高劳动力文化素质的同时，可以针对东南亚企业雇主的实际要求实行订单培训，以订单式培训扩大规模输出，以特色培训树立劳务品牌，使外派劳务保持品牌效能。同时增强培训内容的针对性和实用性，把技能培训与职业技术鉴定相结合，打造具有特色的外派品牌。

如前文所述，外派适应性既决定着人员外派成功与否，又决定着企业国际化的成败，所以对于解决企业外派人员适应性方面的问题就变得尤为重要。而对于我国来说，随着国内企业做强做大，越来越多的企业不再满足于国内有限的市场，开始向国际市场迈进，然而由于缺乏必要的经验，很多企业的外派任务会遇到很大阻碍，这就要求中资企业以一种国际视野看待外派任务，做好外派适应的准备工作，克服外派过程中遇到的困难，解决好外派人员的适应性工作，对企业来说就变得紧迫起来。地方政府可建立先进的外派培训体系，鼓励相应外派培训企业的发展，增加具有专门技能的劳务资源储备，以满足本省对外派劳务的需求。因此，地方政府可全面建设外派劳务基地，增加劳务基地建设的资金投入，培训更多具备外派资格的劳务人才。在培训中，让外派人员得以充分了解所派国家的民族文化、价值观、行为规范，以降低外派冲突与不适应，提高外派人员的绩效与成功率。把政府的人力资源转化为外派劳务资源是当前对外劳务合作发展的一项重要而紧迫的任务。因而加强劳务基地建设投资，出台相应扶持政策迫在眉睫。

具体以本书数据收集时所选取的云南省面向"一带一路"外派为例，虽然近年来云南省的对外劳务输出得到了长足的发展，但相比于东部沿海发达地区如山东、上海、广东等地外派发展来看，云南省大型中资企业外派面临的主要问题包括以下几个方面：其一，劳务资源储备有限。近年来，云南省已有大量劳务人员派往东南亚次区域国家和日本、俄罗斯、毛里求斯等国。但云南省是有着 4500 万人口的人力资源大省，外派劳务的数量与人口总量还极不相称。究其原因，主要还是云南省劳务资源储备有限，对于国外需要的各类人才，云南省缺乏相应的外派培训企业，缺乏专门技能的外派人员，无法满足本省对外经济业务发展对劳务的需求。因此，地方政府可全面建设外派劳务基地，增加劳务基地建设的资金投入和支持相应企业发展，培训更多具备外派资格的劳务人才，增加人才储备。把云南省的人力资源转化为外派劳务资源是当前对外劳务合作发展的一项重要而紧迫的任务。其二，对外工程承包和外派增长方式局限。对外工程承包和劳务输出是中国对周边国家的传统优势项目，周边国家的对外经济合作大多采取"资源换工程"模式，云南省的对外经济合作大体上也是采用这种模式，云南省可实施以"工程换资源"模式，尽快形成一批以资源开发合作为导向的经贸一揽子合作项目。在继续扩大规模的同时，更加注重提高质量和效益，由目前的以劳动密集型为主的房建、修路等单纯土建逐步发展到以资金密集型为主的冶金、化工、能源、矿山等领域。可以进一步转变对外承包工程增长方式，支持企业"以工程换资源"，推动对外承包工程方式多样化。其三，劳务合作需要提高水平、拓宽领域，在巩固传统市场的同时，扩大工程师、教师、设计师、医护人员等高层次劳务的输出规模，拓展文化教育、医疗卫生、科学技术等新领域的劳务输出，进而从之前单纯的劳动力外派转变为更有技术含量、具有熟练技能的技术人才输出，从而提高外派附加值。其四，不具有独特的劳务外派品牌。外派劳务市场的竞争就是劳务品牌的竞争，谁能先人一步形成自己的品牌，谁就能在劳务市场中抢占先机。所以对于云南省外派劳务品牌的打造，需要地方政府想出一些符合本地区、在国际市场上有自己特点的劳务品牌。并且，在制定就业培训规划、整合教育培训资源、大力发展职业教育、提高劳动力文化素质的同时，可以针对东南亚企业雇主的实际要求实行订单培训，以订单式培训扩大规模输出，以特色培训树立劳务品牌，使外派劳务保持品牌效能。同时可以增强培训内容的针对性和实用性，并把技能培训与职业技术鉴定相结合，打造外派劳务品牌。其五，人才储备不足。虽然近年来，云南省已经建成了20多家外派劳务基地，但相对于东部沿海地区而言，对于这方面的投资程度还远远不够。尤其是在位于面向东南亚南亚这样一个绝佳优势区域方面，地方政府可以考虑抓住"一带一路"的最佳发展机遇，增大对

第6章　结论与建议

于外派基地建设方面的投入,增加对外派企业的资金投入以及出台"走出去"方面相应的扶持政策,鼓励企业增加外派人员的技能培训。

6.2 微观分析结论

本节从微观企业规制层面分析,得出以下结论:

(1)企业外派文化智力(包括元认知、认知、动机和行为四个维度)高的人员会降低外派不适应现象(包括社会文化不适应和心理文化不适应)。高文化智力的外派人员能有意识主动体验自然和人文环境的变化和差异所造成的困难和冲突,对所处工作环境中的不确定性表现出更强的忍耐力和意志力以及更高的持续动机,因而,更有可能度过外派初期的心理挫败,在外派适应的双元或多元文化关系构建中避免不安全的文化行为,理智的识别并理解自身的情绪,并知道如何将其应用于改善与企业其他员工的关系,而关系的改善会反过来促进外派适应。因此,选派文化智力高的员工到目标国家,将大大提高中资企业的外派适应成功率,从而提高企业的整体绩效水平,增加企业盈利能力。参考外派人员个体文化智力差异水平,指导外派人员的甄选、培训、激励、绩效、劳动关系、冲突风险防范等国际人力资源管理实践。结合《2014年度中国对外直接投资统计公报》中我国对外直接投资的特点发现:我国企业对外投资遍布全球近八成的国家和地区,投资地域高度集中;投资行业分布广泛,门类齐全,第三产业投资流量存量均超七成;地方企业投资占比超过中央企业和单位对外直接投资规模。可见,目前我国企业外派层次、要求、集中度和频率越来越高,外派结构和种类复杂多样,外派风险越来越突出,外派效果直接影响着企业对外投资的成败。在对外投资的新格局下,外派工作已不是简单的人力资源配置,更不是企业一般的内部管理层级设置;企业对外投资实际上是市场竞争中利益再分配或再实现过程,不同企业、集团甚至国家间的利益在环境、生态、安全保障以及家族、族群、宗教、非正式组织利益的重叠和交织，外派人员事实上已承担了企业的使节、公关协调、危机处置的角色。因此，政府可立足于外派人员文化智力动态测量的外派研究对企业甄选、培训、管理优秀外派人才，控制和降低外派风险，提高外派人员适应率，从而提高企业资源管理绩效。

（2）外派人员的文化智力对外派适应的影响与员工在冲突发生时所采取的冲突管理方式有关。首先，文化智力水平较高的外派人员能够通过高水平的认知文化智力促成对恰当的管理冲突策略的选择，以改善其外派适应的程度；其次，高文化智力的外派人员更有可能选择合作型策略而避免竞争型策略以确保外派冲突的有效预防；最后，高文化智力的外派人员更有可能为了在跨文化冲突中维持甚至是提高其外派适应结果的目的而选择合作。相反，低文化智力的外派人员更趋向于采取竞争型冲突管理方式，造成外派不适应。因此，中资企业可充分重视跨文化冲突管理方式在外派人员文化智力和企业外派适应成功率之间所起的中介作用。

高文化智力的企业外派人员倾向于选择合作型跨文化冲突管理方式，而非竞争型冲突管理方式，从而对外派适应产生正面影响而非负面作用。文化智力高的企业员工会将移情效应作为构建关系的基础，在解决冲突时考虑企业其他员工的利益，故高文化智力的人员在跨文化冲突中更有可能倾向于选择双赢或共赢的解决方案以满足每一个员工的利益。因而，高文化智力的员工在冲突爆发时能熟练地预估企业其他员工的行为和行动，并更好地管理和控制自身情绪和顾及他人情绪，故通过合作型冲突管理方式将满足多方利益和解决冲突。相反，竞争型冲突管理以输赢为导向，一方通过强制行为使自身处于有利地位，过于关注目标的达成而忽视了其他各方的需求和期望。因此，高文化智力的员工在跨文化冲突中更少可能采取竞争型冲突管理方式，因为高文化智力的人员会潜意识地警觉到竞争方式的负面影响，即成为双方有效合作及任务完成的障碍，降低企业活力与凝聚力。因此，中资企业可鼓励外派人员采用合作型管理方式来解决冲突，降低冲突的负面影响，充分利

第6章 结论与建议

用冲突给企业带来"走出去"战略和"一带一路"倡议下的新构想与新发展。

（3）合作型冲突管理方式正向影响企业的外派适应，而竞争型冲突管理方式负向影响企业的外派适应。不同的跨文化冲突管理方式会对企业外派适应产生不同方向的影响。冲突会破坏企业的性能，但冲突如果能被妥善管理，却能优化企业绩效，因为冲突的有效管理和解决冲突的满足感能增强外派适应的程度。本研究选取了跨文化冲突管理方式中的合作型冲突管理方式和竞争型冲突管理方式。跨文化冲突中采取合作型管理方式将带来企业内信息的广泛交流以及开放式的头脑风暴讨论，有助于妥善地处理企业员工之间的差异，以便找到新颖、互惠互利的解决方案，高效地解决问题。因此，企业采取合作型冲突管理方式将对外派适应产生正向、积极的影响。然而，竞争型冲突管理方式则增加企业员工间的冲突，在这种对抗型的冲突关系中，给二元或多元文化关系构建增加了不安全文化行为，会负面影响外派人员的社会文化适应和心理文化适应，从而对企业的外派适应产生负向、消极的影响。故中资企业可采用合作型冲突管理方式解决冲突，避免采用竞争型冲突管理方式，以提高企业的外派成功率。

（4）心理文化不适应的外派人员趋向于关系型冲突，而社会文化不适应的外派人员趋向于任务型冲突；总体适应程度高的外派人员趋向于合作型冲突，而总体适应程度低的外派人员趋向于竞争型冲突。企业在预测冲突时要考虑事件影响与外派主体间影响两种外部环境影响，而这些影响又与外派人员自身的素质有关。外派人员的自身素质体现在外派适应上，可以分为两个维度，即心理文化适应和社会文化适应。心理文化适应主张反映的基础是情感，认为跨文化主要影响的是身心健康和主观幸福感。在跨文化经历中，如果缺少产生负面心理的现象，就说明心理上已经达到了适应状况。社会文化适应是指适应当地环境的能力，例如能否与当地人顺利沟通等，对当地文化强烈的认同与社会文化适应相联系。外派人员的文化不适应将导致企业内冲突的产生。故企业针对不同类别的外派人员可采用不同的冲突管理方式。即对于心理文化不适应的外派人员，企业可重点关注关系型冲突，而对于社会文化不适应的外派人员，则可重点关注任务型冲突的发生；对于那些总体适应程度较高的外派人员，企业可注重合作型冲突的产生，而对于总体适应程度低的外派人员，企业可采取措施积极避免竞争型冲突的爆发。

（5）文化流向在外派人员文化智力与外派适应之间起动态调节作用。本书实证结果显示，当文化环境从松宽到紧严，权力距离从小到大时，若文化流向未能激活相关的特质以适应跨文化互动，则会减弱文化智力与外派适应的关系效应；而当文化环境从紧严到松宽，权力距离从大到小时，若文化流向可以激活相关的特质以适应跨文化互动，则会增强二者之间的关系效应。即文化距离不对称性是外派职位和跨文化适应之间关系的重要干扰变项。该结论对中资企业外派具有重要启示作用。如果企业将员工外派到比中国更为紧严的国家文化环境时，权力距离带来的适应性障碍将进一步增大，此时，企业可充分注重人员对跨文化国际作业适应与否，优先测试并甄选文化智力较高的人员前往，以避免外派任务失败。相反，当企业将人员派往文化环境较松宽的国家时，外派个体文化智力水平将不会对企业的外派作业绩效产生较大影响。

6.3 对策建议

6.3.1 外派跨文化冲突分层应对策略

基于前述的实证研究结论，对外派跨文化冲突提出三个层面的分层应对策略。在宏观文化差异上，企业可结合外派不适应形成的机理研究政策层面的应对策略。在中观组织差异上，可以立足因果分析进行外派管理层与非管理层的不同冲突管理方式进行预判，构建相关利益主体的适应性网络，进而

第6章 结论与建议

厘清冲突发生前多级影响与被影响关系,借此研究组织层面的预防策略。在微观个体差异上,由于个体差异会影响个体的交际能力、情感思维、行为方式和绩效水平,从而影响个体的外派适应能力,故立足于文化智力的元认知、认知、行为和动机四维模型,通过控制变量系数与潜变量的计算,得到不同个体差异的显著性程度,以及适应性高低与派遣方向的关系系数,借此提出个体层面的具体应对策略。上述跨文化冲突分层应对策略的具体构思如图6.1所示。

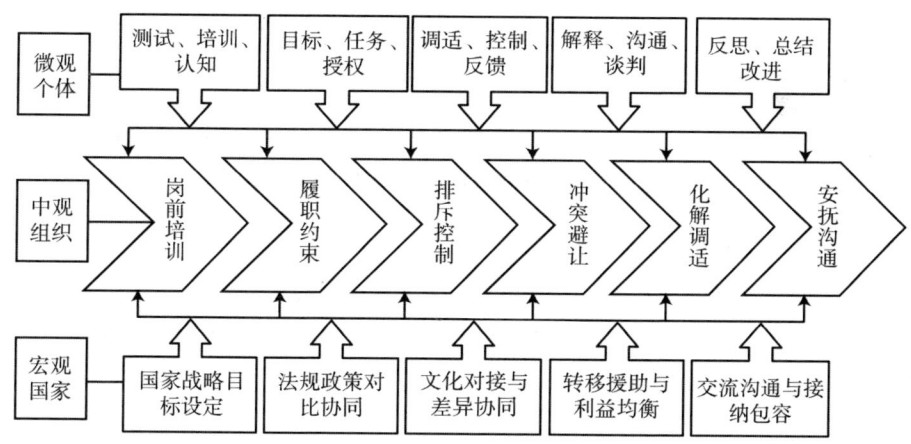

图6.1 企业跨文化冲突分层应对策略

构建跨文化冲突分层应对策略,需要根据项目所在地民众特殊利益诉求对投资企业相关利益目标、运营策略、管理规则、进度控制及其人事安排等正式制度做出适应性调整、包容性修正,同时加强对外派东道国及其项目所在地非正式制度的适应性和包容性引导。

在此分层应对策略中的难点是,如果中观组织层面企业文化深层的基本价值观不同,必然会导致企业管理过程中的重大思想差别。因此,要消除这种基本价值观差别所带来的影响,需要形成一定的认识。管理人员以及基层员工需要有较强的文化差别观念。只有这样,才能解决差异所带来的问题,尊重对方的文化和管理思维。因此企业要为中外双方进行对方的历史进程、风俗传统、道德规范、语言文字等方面的教育，还要进行双方企业文化、管理思维的培训。这样使中外员工清楚地认识到双方存在哪些和多大的差距。这样，才能引起对对方文化的强烈兴趣，真正做到互相尊重。在互相尊重对方文化的基础上，双方员工要进行平等友好的交流与沟通，深入认识对方的企业文化和管理思维。不能以自身的价值标准去解释和判断其他文化背景中的群体。跨国企业中一些大的失误通常来源于管理者下意识的民族优越感，把文化差异问题当成文化优劣问题，于是傲慢或自卑，这都容易造成相互的不尊重，甚至歧视以致矛盾激化。为了能和那些文化背景不同的人进行有效沟通，需要意识到这种民族中心主义的偏见。明白这种偏见并不意味着人们要彻底消除民族中心主义，而是在充分考虑自己文化的同时也要理解和尊重其他文化的存在。为了更顺利地进行外派任务，一家企业就需要认识到自己与对方所存在的文化差异，在进行外派任务时规避这些因文化差异导致的风险。为了更好地应对文化差异，外派企业不仅要在公司内部进行一系列的调整，而且也要做好公司外部的协调工作，以下提出一些应对的具体措施：

（1）跨文化培训。在当今复杂多变的多元文化中，跨国企业外派人员需要具备相应的资质和条件。跨文化活动的相关技能和管理能力是最重要的，这一能力的获得，要求各个跨国企业根据自身特点和需求进行相应培训，以在一定程度上缓解外派人员可能遇到的文化冲突，并且能够让外派人员更好地了解和熟悉国外企业的管理模式、当地风俗习惯以及东道国的历史现状、文化氛围，让外派人员更快进入其角色。熟悉并掌握不同文化之间的沟通技巧，维护好组织内部的人际关系，以及使当地员工更好地理解公司的经营策略和理念是至关重要的。此外，许多跨业企业会将有能力的经理人员外派到不同国家的分公司，处理当地事务，然而在解决外派经理任期结束后对其回国后的安排上，却没有准确而恰当的解决方法。这些跨国企业所欠缺的就是好好利用其经验丰富的外派人员在其他国家所获取的专业知识和技能。这些外派人员经过在当地的工作，往往都积累了如何应对不同国家文化差异的经

第 6 章 结论与建议

验,跨国企业培养新的外派经理时,正好可以利用这些有经验的、期满回国的外派经理,让其传授在当地经营公司的经验,及其与当地员工如何更好沟通、相处的方法。

对员工进行合适的跨文化方面的培训,包括基础的文化知识、文化冲突和文化适应性等方面的培训。企业可根据自身的需求在员工的基础知识培训方面,着重增强员工的交流能力、对本企业文化的了解和认识,让员工学习东道国企业的先进技术和知识。最重要的一项措施就是开设诸如新员工跨文化培训、上岗前培训及对客户的培训等类似的课程。企业可通过对新员工提供有关企业文化、产品、营销技巧以及产品开发标准等方面的课程,来帮助外派员工尽快适应当地的企业文化。除此之外,在职培训计划方面企业还可提供完善的管理和技术方面的培训计划,帮助员工进行自我能力提升,设置能力与资格鉴定体系,对外派人员的技能进行科学评定,让其在工作的同时也能接触到新的知识和事物。

在文化冲突培训层面,企业还可让其外派员工详细了解不同文化的内在含义,了解在不同文化氛围下人们的思维模式和面对不同事物时的表现形式。在派出外派人员之前,要在专门的培训部门接受相应的辅导培训。员工通过持续的跨文化培训,将逐渐形成跨文化意识。在潜意识里只是将文化差异看作一种差异,而不会去区分文化的好坏,在与来自不同背景国家的人员交流时要注意换位思考,大大减少文化冲突发生的可能性。

对员工进行文化适应性和异质文化敏感性培训是企业进行跨文化培训的另一主要途径。其主要方式是通过给员工提供实践机会,让他们在相应的环境里感受不同的文化氛围,进而上升到能够理解这种冲突的程度,并最终提高其面对复杂多变环境时的应变能力和解决问题的能力。

(2)语言培训。语言是一个国家文化的集中体现。虽然在国际经济联系与交往已相当普遍的今天,投资者尽可不必精通东道国语言,通过雇佣当地的经理人员或十分熟悉和了解当地文化和语言的人员,就可大大减少语言带来的隔阂。但是,这并不等于不必了解当地语言。实际上,使用某语言的社会集团对自己的母语具有强烈的感情，若要了解或争取某一社会集团的支持，如果能使用该集团的母语，不仅能进行满意的思想交流，而且会送去亲切感。"一带一路"沿线有60多个国家，这些国家在法律制度、宗教信仰和语言等方面都有所不同。企业在进行项目外派时，缺乏熟悉不同国家国情的管理人才和派遣的技术人员外语水平不高，是"走出去"时企业所要面临的困难。企业在对沿线国家外派时，管理人员需要克服我国与东道国的法律制度、宗教信仰和语言等不同的困难。数据显示，"一带一路"沿线国家使用的语言有1000多种，企业外派的行业专业技术人才在进行相关工作技术指导时，会面临着沟通时的语言障碍问题。这不仅需要技术人员的专业技术，还需要一定的外语水平。因此，外派企业可多建立双语交流学习互助组，提高员工的双语表达能力。这样，在企业的经营活动中不仅可以避免误解，使协议、合同顺利达成，而且由于消除了疏远的感觉，有可能争取到更有利的条件。要"走出去"就需要克服缺乏熟悉沿线国家不同市场的优秀管理人才和派遣的技术人员与本土工作人员的沟通障碍困难。对于外派人员与本土工作人员的语言沟通障碍问题：首先，企业可以通过对外派人员进行统一的在职语言学习；其次，定期举办各种娱乐活动、技术交流活动等使外派人员与本土工作人员能够友好交流；最后，通过奖励促进机制，对语言学习突出的外派人员进行奖励。在企业可持续发展的过程中，各行业协会可以组织各企业的优秀管理人才进行统一培训，与国内外知名高校合作，定向培养企业自身缺乏的高端管理人才和技术性人才，建立起一支熟悉外国法律、文化、语言和社会制度并兼顾专业技能的人才队伍。

（3）充分利用他国资源。考虑到跨国企业市场的复杂性、缺乏综合性的跨文化管理高级人才等问题的客观存在，迫使跨国企业在人力资源的配置方面充分考虑文化因素的影响，以此来尽量减轻由于文化差异而带给母公司和子公司的疏离感。在人事管理政策上，可以采用混合的人事管理政策；在人员岗位设置上，对于企业的中高层管理人员，不必要求全部来自于投资国，被投资国也应有一定的人员比例。毕竟，当地人会更加了解本地的文化习俗以及与当地官员合适的打交道方式、销售产品的广告宣传形式，熟悉当地劳动力的日常工作习惯、观念和信仰，他们与当地有着广泛的社会联系和社会基础。

任何一家企业一开始都是在本民族文化氛围的熏陶下成长发展起来的，它们对于本公司的管理模式、管理方法都带有显著的本民族文化特点，这将会造成僵化的思维模式，在与国际上其他国家的跨国企业进行贸易活动时，自然而然地就会把遇到的各种情况套用自己的思维模式，进而产生文化冲突和误解。所以企业在走向国际时，就需要用国际的眼光看待问题，培养精通国际惯例和规则、具有国际经营能力和视野的专业人才和管理人才队伍，这才是跨国企业实现全球化战略的关键。文化差异并不只是对跨国企业的经营管理产生不利影响，如果跨国企业实施合理有效的跨文化管理措施，异域文化也会带来新思维和新动力，使企业获得核心竞争力。在面对文化差异时进行跨文化管理，在拓展市场提高柔性管理方面有着积极作用。主要体现在以下几个方面：在市场拓展上，通过跨国经营管理，可以提高公司在当地市场上不同文化偏好的应变能力以及更好地拓宽产品市场，发掘潜在消费人群。在获取资源方面，增强企业在不同文化背景国家招聘当地员工的能力，提高人力资源的管理招聘能力。这种跨文化管理措施，有利于不同国家管理人员之间的文化传统和思想差异方面的融合，有利于企业开拓国际市场，提高企业的国际竞争力。在成本方面，减少了企业聘用外派人员较高的成本，降低了企业的经营成本。在解决问题方面，更为多元化的视角做出了更为严格的分析研究，在提高决策制定的质量上起到了重要作用。在系统灵活方面，增强了企业在面对复杂多变环境时的应变能力。

6.3.2 跨文化冲突技术框架和实现路径设计

"一带一路"沿线的大多数发展中国家存在社会动荡、政权更迭等问题，故大部分东道国外派环境不稳定。东道国外派环境的不稳定会导致我国中资企业项目和外派作业在实施过程中的暂停或终止，从而造成企业遭受巨大损失。东道国本土环境的不稳定主要源自两个方面：一方面是东道国政策、政权的变动。例如，2015年2月由于柬埔寨政府换届，新政府宣布暂停中国水利水电建设集团在此前获准的总额为4亿美元的水坝项目；2011年缅甸改革派新政府上台，中国电力投资集团在缅甸建设密松水电站建设暂停。另一方面是东道国的社会风险。随着我国外派项目海外作业的增加，企业在项目建设过程中秉持民族中心主义的管理理念，不重视东道国的宗教信仰、民族矛盾、劳工标准、环境保护等原因而造成不必要的损失。

因而，面对外派过程中不可避免的跨文化冲突，外派企业可尝试分析跨文化适应、排斥、冲突演化过程形成的可控制环节，重点是决策阶段、启动阶段、协商阶段、排斥阶段、冲突阶段、处置阶段、安抚阶段、反思阶段等环节，对冲突化解预案的控制节点进行验证，以下为可能的冲突化解的技术框架和实现路径（见图6.2）。

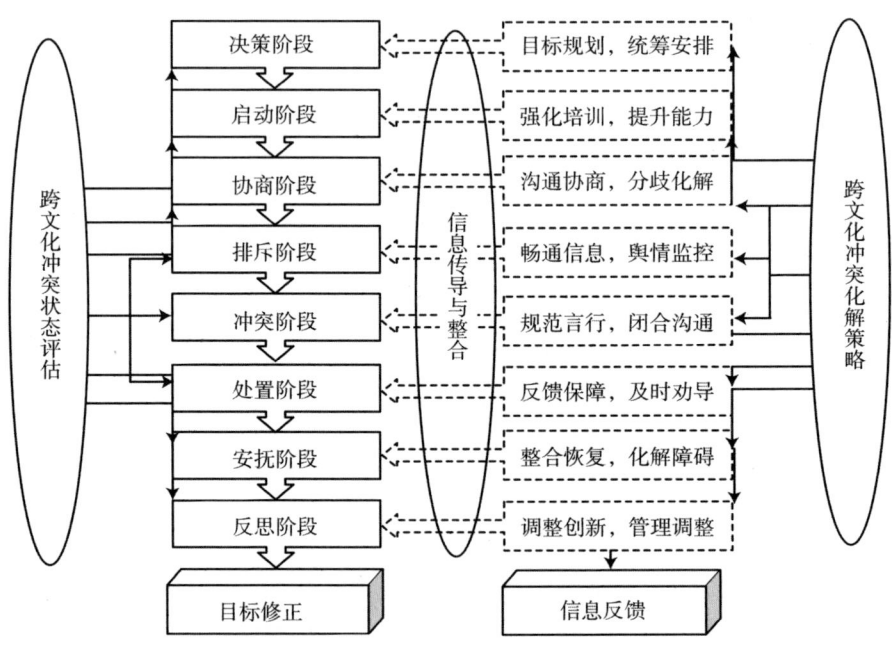

图 6.2　跨文化冲突化解的技术框架和实现路径

第6章　结论与建议

在这一跨文化冲突化解技术框架的基础上，结合企业投资模式、社会责任、管理方式等与民族、宗教、族群、非正式组织和非正式制度的内在协同动力，制定中观、微观环境观测系统，及时反馈外派群体的意愿和诉求，加快企业对外投资效用目标与东道国发展目标和项目所在地需求目标适应性协同。同时可加大文化认同、理解和适应性宣传培训以求完善企业外派的基本要素构成和文化智力适应能力构建。为了最大限度地减缓跨文化冲突风险，努力实现投资企业、项目所在地民众、所在国政府对投资方法、投资目标和投资环境条件在利益实现、责任承担等方面形成激励约束，可以考虑建立显性的和隐性的应对策略，包括：①将文化距离的动态调节作用纳入考虑的国家间利益协调的国家外派战略政策法规；②将外派任务中文化流向要素影响下跨文化冲突预判纳入考虑的企业对外投资战略规划、投资决策和外派管理；③鼓励合作型冲突管理方式，规避竞争型冲突管理方式的外派个体文化智力提升培训、职业生涯规划、沟通谈判技能训练、反思总结和改进。

此外，对于外派适应的主体而言，企业的外派环境由三方组成：①东道国政府、政党等代表的法律法规、政策规章、社会规范、党派意识、产权制度、代理人机制、社会保障、企业激励方式等正式制度因子；②东道国族群长老、宗教领袖、项目所在地民众等代表的民族习俗、家族观念、文化价值观、宗教信仰、团队意识、行为意识和组织观念等非正式制度因子；③跨国投资企业代表的母国外派群体利益。本书试图通过以上合作三级结构及三方跨文化冲突模型，对各方在企业投资项目中的作用进行量化分析，分别考虑信息对称情况下三方合作模型、信息非对称情况下三方合作模型、信息不完全下的三方合作模型，分析不同主体的选择，考虑任何一方文化强势（利益获得）不损害其他方文化弱势（利益输出）。跨文化利益均衡的关键取决于对外派者动态适应性的认同和接受。

在此基础上，以模型验证所得到的外派适应性的影响因素为基础，外派过程中的跨文化冲突根据强弱和影响大小可分为两种类型，即一般性情绪对抗和突发冲突爆发。一般性情绪对抗是相对突发式冲突爆发而言，对其产生的不适应影响与结果可进行后向视角的事后控制和应对；而诸如群体冲突事件类突发式冲突爆发，由于其影响强度大和范围广，故更为合适的方法是立足前向视角的事前预警与防范。对此，根据冲突调整方程来预判各主体利益的增幅，使主体利益得到协同发展的冲突防范机制，为进一步预测可能发生的跨文化冲突提供数量层面的参考。

跨文化冲突事件中千差万别的个体、组织和机构，尽管其属性不同，但在整个事件中，各个个体、组织和机构间存在着相互影响而又相互作用的联动关系，把握信息的及时和正向影响，避免强制式、暴力式的信息传导和其他行动威吓出现，故在上述模型及其协同关系分析的基础上，本书提出系统的平等协商、互信互助的跨文化沟通联动机制，使各类信息能够服从冲突事件化解目标。伴随外派文化流向变化与环境波动，与之对应的外派不适应也将实时发生，故可利用多主体外派适应性进行控制，但结果仅限于一般情况。而真正对外派适应个体乃至实体经济产生危害和影响的是剧烈冲突爆发引起的利益相关主体一致性剧烈波动，即对跨文化冲突冲击情境下外派适应的各个关键节点的研究。而下文结合跨文化冲突进一步研究外派适应的各个关键节点将更加具备实际意义，具体包含如图 6.3 所示的企业外派适应与冲突预判关键节点。

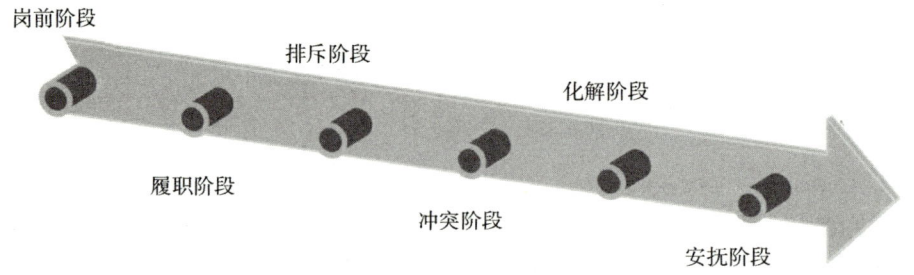

图 6.3　企业外派适应与冲突预判关键节点

如前所述，跨文化冲突的发生对外派组织而言好比一把"双刃剑"，存在好坏两方面作用。妥善有效的冲突管理有利于跨国组织优化功能的实现，有利于外派主体资源更为合理的配置。然而，由冲突管理不当引致的外派失败将对整个跨国企业，乃至国际形象产生较大的负面影响。为了最大限度地减缓跨文化冲突，努力实现投资企业、项目所在地民众、所在国政府对投资方法、投资目标和投资环境条件在利益实现、责任承担等方面形成激励相容约束，企业可规划显性的和隐性的应对策略，主要包含以下三个层次的思考：①是否应将以文化流向为表现的宏观文化距离不对称性动态调节作用纳入国家间利益协调和国家外派战略政策法规的考虑？②是否应将外派任务中的组织岗位差异要素纳入企业对外投资战略规划、投资决策和外派管理中跨文化冲突预判、反思、总结和改进的考虑？③是否应恰当鼓励合作型冲突管理方式，惩处竞争型冲突管理方式，并将外派主体文化智力提升纳入外派作业岗前培训的重要部分，或作为外派人才甄选招募的必备条件之一？对此，中资企业可在本书外派适应与冲突形成机理分析与文化距离不对称性动态实证结果的基础上，结合跨文化冲突预判模型的理论研究，分别从宏观国家文化差异、中观组织差异与微观个体差异三个层面拟订外派企业自身所面临的具体跨文化冲突化解的应对策略。其中，在宏观制度上，结合外派冲突形成机理，即个体要素交叉、组织岗位效应与宏观环境的文化距离不对称性交互效应研究政策层面的应对策略。在中观组织上，立足因果分析进行管理层与非管理层的不同冲突管理方式倾向和适应性水平，构建相关利益主体的文化智力水平参数，进而厘清冲突发生前多级影响与被影响关系，借此提出组织层面的预防策略。在微观个体上，个体差异作为重要影响因素，立足文化智力的元认知、认知、行为和动机四个维度信息，通过观察测试不同个体差异的显著性程度，甄选、培训并建设符合适应性程度高低与国际作业文化流向关系最佳匹配的外派人才队伍，借此实现个体层面的具体应对策略。

6.4 结　语

全球化使得外派人员流动成为组织外扩的必然趋势。这一趋势要求外派人员能够在外派过程中适应差异文化，降低外派失败率，更好地实现组织外派目标。研究表明，中国企业境外投资风险除了政治风险外，竞争性的市场风险、生产经营风险等均与企业外派人员的跨文化适应性密切相关，外派人员的跨文化适应性成为引发企业跨文化冲突和企业对外投资的主要风险之一，亟待被重视和研究。外派失败会给跨国企业以及外派人员自身带来巨大的直接损失和间接损失。对企业而言，不仅要承担巨额的人力资本投资费用，还可能因外派失败破坏与东道国的关系。对个体而言，国外工作的失败会严重损害其未来的职业生涯发展，并且家庭也可能因外派失败而出现不稳定。在日益激烈的全球竞争态势下，如何获取、发展和留用外派人才，从而建立和维持企业的核心竞争力，已经成为跨国企业人力资源管理不得不面对的挑战和急需解决的问题。如何对外派人员进行系统有效的管理，使其能够顺利完成外派任务，这无疑对跨国企业跨国经营的成功起着至关重要的作用。因此，深入研究企业外派，有效解决跨文化冲突问题，对于推进跨国企业的国际人力资源管理具有现实意义。

本书以大型中资企业为研究对象，运用组织行为学理论及人力资源管理理论，对大型中资企业面向"一带一路"沿线国家外派现状进行了调研和实证分析，对外派主变量及其相互关系进行了理论分析和模型构建，通过分析企业外派环境和国际作业流向的动态变化，发现微观外派个体适应性差异与宏观文化距离不对称性的重要特征，并尝试进行外派管理的跨文化冲突预判，这对于深化和完善外派理论，丰富和发展人力资源开发与冲突管理理论，具有重要的理论价值。同时，本研究成果为中资企业更好地实施"走出去"的

第6章 结论与建议

可持续发展路径、推进"一带一路"倡议思考具有借鉴和参考价值,也为加强当前外派人才库建设、推进重点产业国际化、提升中资企业国际竞争力提供了理论依据和实证范例,具有实践意义。

本书对文化智力和外派适应的关系及文化距离对二者关系的影响进行了探讨,得出了一系列的结论。但是,由于作者科研能力的限制,使得本书存在一定的局限性。具体体现为以下几个方面:第一,样本的选择性局限,本书仅在云南省大型中资企业面向"一带一路"外派作业中随机选择样本,对本研究的推广具有一定的限制。今后的研究需要进一步考虑跨省、跨区域地进行样本抽样调查,以进一步推广研究的普遍性。第二,本书仅根据现有的技术通过定性定量结合的方法来验证假设,限于时间和资源,没有进行纵向追踪研究,未来的研究若能弥补此局限,进行5~10年的追踪对相同对象进行定期研究,收集宝贵的纵向数据(longitudinal data),将能看到更为完整的外派规律和冲突应对过程及冲突发展过程中的更多关键转折点,为企业谋求更大的福利。

附 录

附录A 调查问卷

尊敬的外派者,您好!

  诚挚地邀请您参与中国国家自然科学基金关于外派人员跨文化适应课题的调研项目,本研究是我在云南财经大学进行的一项调查。调研的主题是:

文化距离不对称性的动态效应与"一带一路"沿线国家外派研究

  如果可以占用您一点时间,完成一份约15分钟的调研问卷,我将不胜感激。本次调研将对您及其他外派人员的职业生涯大有助益,因为它将帮助您深入了解影响自身文化适应过程的因素。外派经理人在跨文化的接触中面临着适应不同生活方式、思维模式等方面的挑战。该研究旨在研究外派人员的文化适应与文化智力,以提升从母国到东道国的文化适应和外派绩效表现。此外,您的协助参与还具有宝贵的学术价值,有助于完善有关这一问题的知识结构。中国驻澳大利亚外交机构和中澳商会对此都表示支持。您身处异国或有从异国荣归故里的外派经验,对本调研项目及机构跨文化适应能力的研究都具有宝贵的价值。

本问卷调查属于完全匿名调研。您的姓名无须填写，关于您的任何隐私资料都将严格保密，但如果您愿意在问卷最后一栏留下联系方式，将能参与50元/人次的调研抽奖赠书活动。您的资料将不会出现在任何本书得出的报告中。您可以使用随函所附的已付费信封寄回完成的问卷。您的经验和对问卷的认真作答是对人力资源学术研究和管理实践的宝贵贡献。为协助理解，也可点击或输入以下网址，完成网络版问卷：https：//www.surveymonkey.com/r/IBS-EXPAT。完成后请您点击 SUBMIT 键进行提交，并请帮助转发给您所认识的具备海外工作经历的朋友，谢谢。

本问卷已通过云南财经大学国家工商学院人类问题研究伦理风险评估（许可证 JHJ201709001）。如您对本书项目所涉及的相关伦理风险问题有任何投诉及保留意见，请联系以下机构地址。您提出的任何建议将予以严格保密，经周密调查后将告知您调查的结果。

Yunnan University of Finanace and Economics

237 Longquan Road, Kunming 650000, China

Phone：(871) 65181860   Fax：(871) 65181860

Email：angie@ynufe.edu.cn

如果你想获悉更多信息及这项研究的结果，请按以下方式致电或电邮联系。欢迎任何形式的讨论和建议！非常感谢您的参与协助和对科研工作的支持！

The Introductory Letter (for Native English Speakers)
THIS IS NOT A JUNK MAIL

Dear

  This is an invitation to participate in a national science foundation project research at Yunnan University of Finanace and Economics. I am writing to seek your assistance by completing an anonymous questionnaire in research I am doing at this university. Your position as expatriates with overseas working experiences is of great interest and value to this research.

  The topic of the research is

Research on the Dynamic Effect of Cultural Distance Asymmetry and Expatriate Adaptation for Belt & Road Cross-border Transitions

  The project aims to identify the relationship between Cultural Intelligence (CQ) and expatriate cross-cultural adjustment, so as to provide insights into the research question of why some individuals adjust more quickly and easily than others cross-culturally. This is a new and critical topic in the current globalized business environment, and your participation will help improve our understanding of the adjustment process among business expatriates.

  There are no known or anticipated risks to you as a participant in this study. Participation in this study is voluntary and anonymous. You may leave your email address in the final Additional Comments section whereby participants could register for a drawing for one of four RMB 50 "Thank-you" gifts. It would take approximately 15 minutes to complete. You may post it back using the self-addressed envelope attached. The survey is also on the Web at:

https://www.surveymonkey.com/r/IBS-EXPAT.

Please click on to this address to participate and to find out more. Thanks!

Yunnan University of Finanace and Economics Minimal Risk Ethics in Human Research Committee has approved this project (Protocol JHJ 201709001). Any issues you raise will be treated in confidence and investigated fully and you will be informed of the outcome. If you have any complaints or reservations about the ethical conduct of the project, you may contact.

Committee through the Executive Officer, Ethics in Human Research Committee, Academic Secretariat Yunnan University of Finanace and Economics

237 Longquan Road, Kunming 650000, China

Phone: (871) 65181860   Fax: (871) 65181860

E-mail: angie@ynufe.edu.cn

I hope that the results of my study will be of benefit to those individuals and organizations directly involved in the study, as well as to the broader research community. I really do value your contribution and this institution equally values it. Discussion is most welcome. Thank you very much ahead of time for your participation!

第一部分　个体及组织信息

调查完全匿名，数据严格保密，仅用于数据分析。请勾选相应的方框。

1. 性别：

☐ 男　　☐ 女

2. 年龄：

☐ <30岁　　☐ 30~39岁　　☐ 40~49岁　　☐ 50~59岁　　☐ >60岁

3. 您家人在多大程度上支持您的外派任务？

☐ 此题不适用于我　　☐ 强烈反对　　☐ 反对　　☐ 支持

☐ 非常支持

4. 您的母国籍是＿＿＿＿＿＿＿＿＿＿＿＿＿＿＿＿

5. 您所派驻的东道国是＿＿＿＿＿＿＿＿＿＿＿＿＿＿＿＿

6. 您已完成的最高学历

☐ 本科以下　　☐ 本科　　☐ 研究生及以上

7. 您在组织内部的岗位属于

☐ 董事或管理类　　☐ 非管理类

8. 请描述您在所派驻的东道国当地的语言能力

(1=强烈反对；2=反对；3=中立；4=同意；5=强烈同意)

	当地语言能力描述	1	2	3	4	5
1	我几乎不懂东道国语言。					
2	我几乎不能说东道国语言。					
3	我几乎不懂所在派驻地的方言。					
4	我几乎不能说派驻地方言。					
5	我无法用当地语言实现对话。					
6	我不懂派驻地人们的肢体语言/非语言交流。					

续表

	当地语言能力描述	1	2	3	4	5
7	我没有用当地语言阅读的能力。					
8	我没有用当地语言写作的能力。					

9. 您接受外派任务的最大动因是否是薪水收入？

□ 是

□ 不是，请说明最能激励您的因素是_____

10. 您所从事的行业

□教育业　　□企事业　　□商业　　□政府机构　　□工程建筑业

11. 您过去曾有过几次外派任务？

□0 次　　□1~3 次　　□> 3 次

12. 您在目前派驻的东道国共计生活过多少年？

□<1 年　　□1~5 年　　□6~10 年　　□>10 年

13. 在外派之前您有否参加过任何跨文化方面的岗前培训？

□有　　□没有

14. 您目前/上一次的外派工作时长为多少年？

□<1 年　　□1~5 年　　□6~10 年　　□>10 年

15. 您有否出现过在外派任务中比预期的提早归国？

□有　　□没有

16. 您有否出现过在外派任务中感到难以胜任或不能适应的现象？

□有　　□没有

第二部分　关于您的情商与文化智力

调查完全匿名，数据严格保密，仅用于数据分析。请阅读每个陈述，选择最能描述您的回答（1＝强烈反对；2＝反对；3＝中立；4＝同意；5＝强烈同意）。

附 录

您如实的描述将帮助研究者更清楚地认识外派成败的关键,非常感谢!

II-1 EQ 量表（1=强烈反对；2=反对；3=中立；4=同意；5=强烈同意）

情商		1	2	3	4	5
情绪恢复能力	我会笑其他团队成员,同样也会自嘲。					
刺激	面对生气的人,我能保持冷静探究不快的原因,对事不对人。					
自我意识	我很清楚自己的优势和劣势所在。					
影响	我关怀他人,是同事间的关怀,也是朋友间的关怀。					
直觉	当雇员遇到家庭问题影响他们工作的时候,我会让他们专注于工作。					
	我受过培训,能感知到工作环境和团队成员在工作中和工作以外的情绪情感。					
尽责	作为团队管理者我至少每年接受一次情商培训。					
	作为团队管理者我了解关于情商的各方面知识。					
敏感	出现违纪不良现象的雇员（如迟到早退、效率低下、不作为等）会接受顾问咨询,以防止类似事件继续发生。					

II-2 文化智力量表 请阅读每个陈述,选择最能描述您的回答（1=强烈反对；2=反对；3=中立；4=同意；5=强烈同意）。

文化智力			1	2	3	4	5
战略	1	我能意识到自己与不同文化背景的人交往时所应用的文化常识。					
	2	当与陌生文化中的人们交往时,我能调整自己的文化常识。					
	3	我能意识到自己在跨文化交往时所运用的文化常识。					
	4	当与来自不同文化的人们交往时,我能检查自己文化常识的准确性。					

续表

		文化智力	1	2	3	4	5
知识	5	我了解其他文化的法律和经济体系。					
	6	我了解其他语言的规则（如词汇，语法）。					
	7	我了解其他文化的价值观和宗教信仰。					
	8	我了解其他文化的婚姻体系。					
	9	我了解其他文化的艺术和手工艺品。					
	10	我了解其他文化中表达非语言行为的规则。					
动因	11	我喜欢与来自不同文化的人交往。					
	12	我相信自己能够与陌生文化中的当地人进行交往。					
	13	我确信自己可以处理适应异质文化所带来的压力。					
	14	我喜欢生活在自己不熟悉的文化中。					
	15	我相信自己可以适应一个不同文化中的购物情境。					
行为	16	我根据跨文化交往的需要而改变自己的语言方式（如口音、语调）。					
	17	我有选择地使用停顿和沉默以适应不同的跨文化交往情境。					
	18	我根据跨文化交往的情境需要而改变自己的语速。					
	19	我根据跨文化交往的情境需要而改变自己的非语言行为（如手势、头部动作、站位的远近）。					
	20	我根据跨文化交往的情境需要而改变自己的面部表情。					

第三部分　关于您的社文化适应和心理文化适应

Ⅲ-1 社文化适应　您在东道国的适应程度是……（1=非常不适应；2=不适应；3=中等；4=适应；5=非常适应）。

序号		1	2	3	4	5
1	具体工作职责					
2	绩效标准和预期					

续表

序号		1	2	3	4	5
3	监管职责					
4	总体生活环境					
5	住房条件					
6	食物					
7	购物					
8	生活成本					
9	娱乐设施和机会					
10	健康医疗设施					
11	与东道国民的社交活动					
12	与东道国民的日常互动					
13	非工作场合与东道国民的互动					
14	与东道国民的交谈					

Ⅲ-2 关于您的心理文化适应

请回想您外派期间的心理感觉。您曾否……

序号		总是这样	多于经常	经常	少于经常	完全没有
1	觉得困难不能克服？					
2	感觉没有作出决定的能力？					
3	越来越感到不快和压抑？					
4	觉得所做的是没有意义的？					
5	不能够专注于所行之事？					
6	因忧虑而无法入眠？					
7	越来越觉得没有意思？					
8	综合考虑，自己一直相当不快乐？					
9	不能享受每天日常活动？					
10	不能正视自己的问题？					
11	经常会感到紧张？					
12	渐渐对自己失去信心？					

第四部分　关于外派冲突管理

请阅读每个陈述，选择最能描述您的回答（1＝强烈反对；2＝反对；3＝中立；4＝同意；5＝强烈同意）。

冲突类型		1	2	3	4	5
关系型冲突	1. 本部门成员间的摩擦多不多？					
	2. 本部门成员间的个性冲突事件多不多？					
	3. 本部门成员间的关系紧张事件多不多？					
	4. 本部门成员间的感情冲突多不多？					
任务型冲突	5. 本部门成员对如何完成工作的看法有分歧的情况多不多？					
	6. 本部门中因意见相左导致冲突发生的情况多不多？					
	7. 本部门中你遇到的与工作相关的冲突多不多？					
	8. 本部门中出现观点不同的情况多不多？					
冲突管理方式		1	2	3	4	5
合作型冲突管理方式	1. 如果不能找到一个真正满足我和另一方的解决方案，我会一直研究下去					
	2. 我为自己和另一方的目标和利益着想					
	3. 我站在双方的立场找到一个彼此最优的解决方案					
	4. 我制订一个解决方案，既可满足自己也尽可能好地服务另一方的利益					
竞争型冲突管理方式	5. 我努力推进自己的观点					
	6. 我寻求收益					
	7. 我为自己争取一个好的结果					
	8. 我不惜一切为了赢					

第五部分 外派项目绩效

调查完全匿名，数据严格保密，仅用于数据分析。请阅读每个陈述，选择最能描述您的回答。您如实的描述将帮助研究者更清楚地认识外派成败的关键（1=强烈反对；2=反对；3=中立；4=同意；5=强烈同意）。

外派项目成功的量度	1	2	3	4	5
1. 本人很在乎项目的效率					
2. 项目在期限内完成					
3. 项目的完成在预算之内					
4. 项目对客户有用					
5. 客户很满意					
6. 产品符合客户需要					
7. 客户正使用项目的产品					
8. 项目为组织盈利					
9. 项目直接提升了组织的绩效					
10. 项目获得了经济商业效益					
11. 项目成果将使未来的项目获益					
12. 相关人员的管理技能通过项目得到了提升					

创新能力（1=远低于行业平均水平；2=低于行业平均水平；3=等于行业平均水平；4=高于行业平均水平；5=远高于行业平均水平）

项目团队创新能力	1	2	3	4	5
1. 加强主打产品/服务的创新活动					
2. 加强主打产品/服务已有专业知识的创新活动					
3. 加强现有竞争力的创新活动					
4. 淘汰主打产品/服务的创新活动					
5. 根本上改变主打产品/服务的创新活动					
6. 淘汰主打产品/服务已有专业知识的创新活动					

组织绩效

在过去 3 年里，与同行其他组织比较，您所在组织的绩效在以下题项描述方面怎样？（1 = 远低于行业其他组织平均水平；2 = 低于行业其他组织平均水平；3 = 等于行业其他组织平均水平；4 = 高于行业其他组织平均水平；5 = 远高于行业其他组织平均水平）

	绩效	1	2	3	4	5
组织绩效	1. 产品/服务/项目的质量					
	2. 新产品/服务/项目的发展					
	3. 吸引重要员工的能力					
	4. 留住重要员工的能力					
	5. 客户满意度					
	6. 管理者与其他雇员的关系					
	7. 员工之间的关系					
市场绩效	8. 市场营销					
	9. 销售额的增长					
	10. 盈利能力					
	11. 市场份额					

我认识的其他外派人员

您是否认识其他愿意参加本次研究的外派人员?

请将您所知道的名字和地址/E-mail 填写在下方,或发送他们的联系方式至 angie@ynufe.edu.cn,非常感谢您的帮助!

1. Name: Address E-mail ＠	2. Name: Address E-mail ＠
3. Name: Address E-mail ＠	4. Name: Address E-mail ＠
5. Name: Address E-mail ＠	6. Name: Address E-mail ＠
7. Name: Address E-mail ＠	8. Name: Address E-mail ＠

Your Additional Comments

欢迎您的意见和讨论

The Survey Questionnaire (for Native English Speakers)

> **Survey Questionnaire**
>
> Study on the Dynamic Effect of Cultural Distance Asymmetry on Expatriate Conflict Management for Belt & Road Cross-border Transitions

Section I About Yourself and Your Organization

Please provide some general background information about yourself and your organization. Please tick ☑ the appropriate box or fill in the blank.

1. Sex:

☐ Male

☐ Female

2. Age:

☐ Under 30   ☐ 50-59

☐ 30-39   ☐ Over 60

☐ 40-49

3. To what extent does your family support you on offshore assignments?

☐ Not at all

☐ A fair amount

☐ A great deal

4. Please indicate your home country.

☐ China

☐ Other _____

5. Please indicate the host country of your current international assignment.

☐China

☐Other _____

6. Please indicate your highest level of education completed.

☐Below degree　　　☐Post-graduate

☐Bachelor

7. Please select the response that BEST describes your Local Language Ability if any in the host country overseas:

	Language Ability	Strongly Disagree	Disagree	Neutral	Agree	Strongly Agree
1	I understand very little of the local language.					
2	I speak very little of the local language.					
3	I understand very little of the local dialect where I live in the host location.					
4	I speak very little of the local dialect where I live in the host location.					
5	I cannot manage a conversation in the local language.					
6	I do not understand non-verbal communication where I live in the host location.					
7	I cannot read the local language.					
8	I cannot write the local language.					

8. What line of business/industry are you in?

☐Education　　　　　　☐Entrepreneur

☐Business　　　　　　☐Government

☐Engineering /Construction

9. Is your position:

☐Board of directors / Managerial　　　☐Non-managerial

10. What is your approximate annual income (including all allowances) in AUD dollars?

(To convert RMB to AUD, please divide by 6.5) (Please proceed to question)

11. What is the nature of your company's business?

☐Private

☐Public

☐Public-private

12. Number of Employees of the company:

☐<50　　　　　☐>5000

☐51-500

☐501-5000

13. How many Previous offshore work assignments have you had (before your current assignment)?

☐0　　　　　☐>3

☐1-3

14. Approximately how much total time have you lived in the current host country?

☐<1 year　　　　☐6-10 years

☐1-5 years　　　☐>10 years

15. Have you attended any intercultural communication training/orientation programs before your offshore assignments?

☐Yes

☐No

16. How long is your current offshore assignment (if any) supposed to be?

☐<1 year　　　　☐1-5 years

☐6-10 years　　　☐>10 years

Section II About Your Cultural Intelligence and Emotional Intelligence

Read each statement and select the answer that Best describes you as You Really Are：

1 = Very inaccurate

2 = Moderately inaccurate

3 = Neither nor

4 = Moderately accurate

5 = Very accurate

		CQ Items	1	2	3	4	5
MC Strategy	1	I am conscious of the cultural knowledge I use when interacting with people with different cultural backgrounds.					
	2	I adjust my cultural knowledge as I interact with people from a culture that is unfamiliar to me.					
	3	I am conscious of the cultural knowledge I apply to cross-cultural interactions.					
	4	I check the accuracy of my cultural knowledge as I interact with people from different cultures.					
COG Knowledge	5	I know the legal and economic systems of other cultures.					
	6	I know the rules (e.g., vocabulary, grammar) of other languages.					
	7	I know the cultural values and religious beliefs of other cultures.					
	8	I know the marriage systems of other cultures.					
	9	I know the arts and crafts of other cultures.					
	10	I know the rules for expressing non-verbal behaviors in other cultures.					

续表

		CQ Items	1	2	3	4	5
MOT Motivation	11	I enjoy interacting with people from different cultures.					
	12	I am confident that I can socialize with locals in a culture that is unfamiliar to me.					
	13	I am sure I can deal with the stresses of adjusting to a culture that is new to me.					
	14	I enjoy living in cultures that are unfamiliar to me.					
	15	I am confident that I can get accustomed to the shopping conditions in a different culture.					
BEH Behaviour	16	I change my verbal behavior (e.g., accent, tone) when a cross-cultural interaction requires it.					
	17	I use pause and silence differently to suit different cross-cultural situations.					
	18	I vary the rate of my speaking when a cross-cultural situation requires it.					
	19	I change my non-verbal behavior when a cross-cultural situation requires it.					
	20	I alter my facial expressions when a cross-cultural interaction requires it.					

© Cultural Intelligence Center 2005. Used by permission of Cultural Intelligence Center.

Read each statement and select the answer that Best describes you as You Reslly Are

1 = Very inaccurate
2 = Moderately inaccurate
3 = Neither nor
4 = Moderately accurate
5 = Very accurate

EQ Items	1	2	3	4	5
1. P By looking at people's facial expressions, I recognize the emotions they are experiencing.					
2. U I am a rational person and I rarely, if ever, consult my feelings to make a decision (r).					
3. R I have a rich vocabulary to describe my emotions.					
4. M1 I have problems dealing with my feelings of anger (r).					
5. M2 When someone I know is in a bad mood, I can help the person calm down and feel better quickly.					
6. P I am aware of the nonverbal messages other people send.					
7. U When making decisions, I listen to my feelings to see if the decision feels right.					
8. R I could easily write a lot of synonyms for emotion words like happiness or sadness.					
9. M1 I can handle stressful situations without getting too nervous.					
10. M2 I know the strategies to make or improve other people's moods.					
11. P I can tell when a person is lying to me by looking at his or her facial expression.					

续表

EQ Items	1	2	3	4	5
12. U I am a rational person and don't like to rely on my feelings to make decisions.					
13. R I have the vocabulary to describe how most emotions progress from simple to complex feelings.					
14. M1 I am able to handle most upsetting problems.					
15. M2 I am not very good at helping others to feel better when they are feeling down or angry (r).					
16. P My quick impressions of what people are feeling are usually wrong (r).					
17. R My "feelings" vocabulary is probably better than most other persons' "feelings" vocabularies.					
18. M1 I know how to keep calm in difficult or stressful situations.					
19. M2 I am the type of person to whom others go when they need help with a difficult situation.					

Section III About your Socio-Cultural Adjustment

1 = Not adjusted at all
2 = Not very adjusted
3 = Neutral
4 = Slightly adjusted
5 = Completely adjusted

Please mark the appropriate box to indicate...

	how well you feel adjusted to...	1	2	3	4	5
1	Specific job responsibilities					
2	Performance standards and expectations					
3	Supervisory responsibilities					
4	Living conditions in general					
5	Housing conditions					
6	Food					
7	Shopping					
8	Cost of living					
9	Entertainment/recreation facilities and opportunities					
10	Health care facilities					
11	Socializing with host nationals					
12	Interacting with host nationals on a day-to-day basis					
13	Interacting with host nationals outside of work					
14	Speaking with host nationals					

About your Psycho-Cultural Adjustment

Please think about how you have been feeling over the past few weeks.

1 = Always
2 = Much more than usual
3 = Rather more than usual
4 = No more than usual
5 = Not at all

	Have you recently...	1	2	3	4	5
1	...felt you couldn't overcome your difficulties?					
2	...felt capable of making decisions about things?					
3	...been feeling unhappy and repressed?					
4	...felt that you are playing a useful part in things?					
5	...been able to concentrate on what you are doing?					
6	...lost much sleep over worry?					
7	...been thinking of yourself as a worthless person?					
8	...been reasonably happy, all things considered?					
9	...been able to enjoy your normal day-to-day activities?					
10	...been able to face up to your problems?					
11	...felt constantly under strain?					
12	...been losing confidence in yourself?					

Section IV About your Conflict Management Styles

Read each statement and select the answer that Best describes you as You Really Are

1 = Very inaccurate

2 = Moderately inaccurate

3 = Neither nor

4 = Moderately accurate

5 = Very accurate

	Conflict Types	1	2	3	4	5
RC	1. There are frequent cultural conflicts between project team members and partners of different cultures.					
	2. There are frequent personality conflicts between project team members and partners of different cultures.					
	3. There are frequent relationship conflict incidents between project team members and partners of different cultures.					
	4. There are frequent emotional conflicts between project team members and partners of different cultures.					
TC	5. There are frequent discrepancies of opinions for handling job tasks conflicts between project team members and partners of different cultures.					
	6. There are frequent conflicts caused by discrepancies of opinions between project team members and partners of different cultures.					
	7. There are frequent job tasks conflicts between project team members and partners of different cultures.					
	8. There are frequent discrepancies of opinions and views between project team members and partners of different cultures.					

	CMS	1	2	3	4	5
INT	1. I will keep on searching until getting a resolution option that satisfies both parties (me and my counterpart).					
	2. I consider the goals and interests of both parties (me and my counterpart).					
	3. I look for the optimal resolution from the perspectives of both parties (me and my counterpart).					
	4. I make up a resolution scheme that serves the best interest of both parties (me and my counterpart).					
DOM	5. I push my views and thoughts to be accepted by my counterpart.					
	6. I am striving for the maximization of my interest.					
	7. I try to earn a good result for myself.					
	8. I do anything to win.					

My Expatriate Friends

Do you know other expatriates who might be interested in participating in the study?

Please fill in their names and address below, or send their contacts to angie@ynufe.edu.cn. Thank you!

1. Name: Address: E-mail: @	2. Name: Address: E-mail: @
3. Name: Address: E-mail: @	4. Name: Address: E-mail: @
5. Name: Address: E-mail: @	6. Name: Address: E-mail: @
7. Name: Address: E-mail: @	8. Name: Address: E-mail: @

附 录

Your Additional Comments

附录B 本书缩写

BEH	Behavioural Cultural Intelligence	行为文化智力
CCA	Cross-Cultural Adjustment	跨文化适应性
CD	Cultural Distance	文化距离
CDA	Cultural Distance Asymmetry	文化距离不对称性
CFA	Confirmatory Factor Analysis	验证性因子分析
COG	Cognitive Cultural Intelligence	认知文化智力
CQ	Cultural Intelligence	文化智力
csQCA	crispy set Qualitative Comparative Analysis	清晰集定性比较分析法
EQ	Emotional Intelligence	情商
FDI	Foreign Direct Investment	对外直接投资
fsQCA	fuzzy-set Qualitative Comparative Analysis	模糊集定性比较分析法
HCN	Host Country National	东道国员工
HR	Human Resources	人力资源
IA	International Assignment	国际作业
IHRM	International Human Resource Management	国际人力资源管理
IMP	Internationally Mobile Professionals	外派流动人员
MC	Meta-Cognitive Cultural Intelligence	元认知文化智力
MI	Modification Index	修正指数
ML	Maximum Likelihood	最大似然估计
MNC	Multinational Corporation	跨国企业

续表

BEH	Behavioural Cultural Intelligence	行为文化智力
MNO	Multinational Organization	跨国组织
MOT	Motivational Cultural Intelligence	动机文化智力
PCA	Psycho-Cultural Adjustment	心理文化适应
PCN	Parent Country National	母国籍员工
QCA	Qualitative Comparative Analysis	定性比较分析
SCA	Socio-Cultural Adjustment	社会文化适应
SEM	Structural Equation Modelling	结构方程模型
TCN	Third Country National	第三国员工

参考文献

[1] Adler, N. J. International dimensions of organizational behavior (3rd ed.) //Wadsworth, B. C. A and Inkpen, A. C. Cultural intelligence and offshore outsourcing success: A framework of firm-level intercultural capability [J]. Decision Sciences, 2008, 39 (3): 337-358.

[2] Amason, A. C., Schweiger, D. M. Resolving the paradox of conflict, strategic decision making, and organizational performance [J]. International Journal of Conflict Management, 1994, 5 (1): 239-253.

[3] Anderzen, I., Arnetz, B. Psychophysiological reactions to international adjustment: Results from a controlled, longitudinal study [J]. Psychotherapy and Psychosomatics, 1999 (68): 67-75.

[4] Andreason, A. W. Expatriate adjustment to foreign assignments [J]. International Journal of Commerce and Management, 2003, 13 (1): 42-60.

[5] Ang, S., Van Dyne, L. et al., Cultural intelligence: Its measurement and effects on cultural judgment and decision making, cultural adaptation and task performance [J]. Management and Organization Review, 2007, 3 (3): 335-371.

[6] Berry, J. W. Psychology of acculturation: Understanding individuals moving between cultures [A]. In R. Brislin (Ed.): Applied Cross-Cultural Psychology, Newbury Park, CA: Sage Publications, 1990.

[7] Black, J. S., Mendenhall, M. Cross-cultural training effectiveness: A review and a theoretical framework for future research [J]. Academy of

Management Review, 1990, 15 (1): 113-136.

[8] Black, J. S., Mendenhall, M. The U-curve adjustment hypothesis revisited: A review and theoretical framework [J]. Journal of International Business Studies, 1991 (2): 225-47.

[9] Blake, R. R., Mouton, J. S. The managerial grid: Key orientations for achieving production through people [M]. Gulf Publishing, Houston, TX, 1964.

[10] Brewster, C., Lundmark, A. and Holden, L., A different tack: An analysis of British and Swedish management styles [M]. Studentlitteratur, Utbildningshuset, 1993.

[11] Byrne, B. M. Structural equation modeling with AMOS: Basic concepts, applications, and programming (2nd ed.) [M]. New York: Routledge, 2001.

[12] Caligiuri P. Developing global leaders [J]. Human Resource Management Review, 2006 (16): 219-228.

[13] Caligiuri P., Lundby K. Developing cross-cultural competencies through global teams [M]. Springer: New York, 2015.

[14] Caligiuri, P., Cascio, W. Can we send her there? Maximizing the success of Western women on global assignments [J]. Journal of World Business, 1998 (33): 394-416.

[15] Caligiuri, P., Joshi, A., Lazarova, M. B. Factors influencing the adjustment of women on global assignments [J]. International Journal of Human Resource Management, 1999 (10): 163-179.

[16] Carson, P. P., Carson, K. D., Roe, W. Social power bases: A meta-analytic examination of interrelationships and outcomes [J]. Journal of Applied Social Psychology, 1993 (23): 1150-1169.

[17] Chen, G., Kirkman, B., Kim, K. and Farh, C. When does cross-cultural motivation enhance expatriate effectiveness? A multilevel investigation of the moderating roles of subsidiary support and cultural distance [J]. Academy of Man-

agement Journal, 2010, 53 (5): 1110-1130.

[18] Church, A. T. Culture and personality: Towards an integrated cultural trait psychology [J]. Journal of Personality, 2000, 68 (4): 651.

[19] Crossland, C., Hambrick, D. C. Differences in managerial discretion across countries: How nation-level institutions affect the degree to which CEOs matter [J]. Strategic Management Journal, 2011, 32 (8): 797-819.

[20] De Dreu, C. K. and Beersma, B. Conflict in organizations: Beyond effectiveness and performance [J]. European Journal of Work and Organizational Psychology, 2005 (14): 105-117.

[21] Deutsch, M. Fifty years of conflict [M]. In Festinger, L. (Ed.): Retrospections on Social Psychology, Oxford University Press, New York, NY, 1980: 46-77.

[22] Deutsch, M. Sixty years of conflict [J]. International Journal of Conflict Management, 1990 (1): 237-263.

[23] Donald J., Rudawsky David C., Lundgren Anthony F., Grasha. Competitive and collaborative responses to negative feedback [J]. International Journal of Conflict Management, 1999, 10 (2): 172-190.

[24] Earley, C., Ang, S. Cultural intelligence: Individual interactions across cultures [M]. Stanford, CA: Stanford University Press, 2003.

[25] Earley, P. C., Peterson, R. S. The elusive cultural chameleon: Cultural intelligence as a new approach to intercultural training for the global manager [J]. Academy of Management Learning & Education, 2004, 3 (1): 100-115.

[26] Everson, P. The importance of four skills in English education [Z]. Paper presented at the Global Talent Cultivation Symposium, Seoul, Korea, 2009.

[27] Fatima, J. K. Investigating the antecedents of rapport for developing customer satisfaction in the banking services of Bangladesh [D]. Doctoral dissertation, The University of New South Wales, Sydney, Australia, 2011.

[28] Fiss, P. C. A set-theoretic approach to organizational configurations [J]. Academy of Management Review, 2007, 32 (4): 1180-1198.

[29] Fiss, P. C. Building better casual theories: A fuzzy set approach to typologies in organization research [J]. Academy of Management Journal, 2011, 54 (54): 393-420.

[30] Fok-Trela, A. N. S. Cutural adjustment in expatriates: A systems perspective [D]. Azusa Pacific University Azusa, California, 2011.

[31] Forster, N. The myth of the international manager [J]. International Journal of Human Resource Management, 2000, 11 (1): 126-142.

[32] Gelfand, M. J., Leslie, L., Keller, K., and De Dreu, C. Conflict cultures in organizations: How leaders shape conflict cultures and their organizational-level consequences [J]. Journal of Applied Psychology, 2012 (97): 1131-1147.

[33] Georgas, J. and Berry, J. W. An ecocultural taxonomy for cross-cultural psychology [J]. Cross-Cultural Research, 1995 (29): 121-157.

[34] George, D., Mallery, P. SPSS for Windows step by step: A simple guide and reference. 11.0 update (4th ed.) [M]. Boston: Allyn & Bacon, 2003.

[35] Gladstein, D. L. A model of task group effectiveness [J]. Administrative Science Quarterly, 1984 (29): 499-517.

[36] Hair, J. F., Anderson, R. E., Tatham, R. L., Black, W. C. and Babin, B. J. Multivariate data analysis (7th ed.) [M]. Upper Saddle River, New Jersey: Prentice Hall, 2010.

[37] Hambrick, D. C., Finkelstein, S. Managerial discretion: A bridge between polar views of organizational outcomes [J]. Research in Organizational Behavior, 1987 (9): 369.

[38] Hatcher, L. A step-by-step approach to using the SAS? system for factor analysis and structural equation modeling [M]. Cary, N. C.: SAS Institute, 1994.

[39] Hofstede, G. Culture's consequences: International differences in work-

related values [M]. Beverly Hills, CA: Sage, 1980.

[40] Hofstede, G. Culture's consequences: Comparing values, behaviors, institutions and organizations across Nations [M]. Thousand Oaks, CA: Sage Publications, 2001.

[41] House, R., Javidan, M., Dorfman, P., Gupta, V. Culture, leadership, and organizations: The GLOBE study of 62 societies [M]. Thousand Oaks, CA: Sage Publications, 2004.

[42] Hutchings, K., Murray, G. Family, face, and favours: Do Australians adjust to accepted business conventions in China? [J]. Singapore Management Review, 2003, 25 (2): 25-35.

[43] Jamieson, D. W. Thomas, K. W. Power and conflict in student-teacher relationships [J]. Journal of Applied Behavioral Science, 1974, 10 (3): 321-336.

[44] Jan Selmer Randy K., Chiu Oded Shenkar. Cultural distance asymmetry in expatriate adjustment [J]. Cross Cultural Management: An International Journal, 2007, 14 (2): 150-160.

[45] Jeevan Jyoti, Sumeet Kour. Assessing the cultural intelligence and task performance equation: Mediating role of cultural Adjustment [J]. Cross Cultural Management, 2015, 22 (2): 236-258.

[46] Jehn K. A multi-method examination of the benefits and detriments of intergroup conflict [J]. Administrative Science Quarterly, 1995 (40): 256-282.

[47] Jehn, K. A. A qualitative analysis of conflict types and dimensions in organizational groups [J]. Administrative Science Quarterly, 1997 (42): 530-557.

[48] Jordan, P. J. and Troth, A. C. Emotional intelligence and conflict resolution: Implications for human resource development [J]. Advances in Developing Human Resources, 2002, 4 (1): 62-79.

[49] Joreskog, K. G., Sorbom, D. LISREL 8: Structural equation modeling with the SIMPLIS command language [M]. Chicago, IL: Scientific Software Inter-

national; Lawrence Erlbaum Associates, Inc. , 1993.

[50] Kirkman B. L. , Lowe K. B. , Gibson C. B. A quarter century of culture's consequences: A review of empirical research in corporating Hofstede's cultural values framework [J]. Journal of International Business Studies, 2006, 37 (3): 285-320.

[51] Klein, K. J. , Dansereau, F. , Foti, R. J. Levels issues in theory development, data collection, and analysis [J]. Academy of Management Review, 1994 (19): 195-229.

[52] Kogut B. , Singh H. The effect of national culture on the choice of entry mode [J]. Journal of International Business Studies, 1988, 19 (3): 411-432.

[53] Kraimer M. L. , Wayne S. An examination of perceived organizational support as a multidimensional construct in the context of an expatriate assignment [J]. Journal of Management, 2003, 30 (2): 209-237.

[54] Krejcie and Morgan. Determining sample size for research activities [J]. Educational and Psychological Measurement, 1970 (30): 607-610.

[55] Lawrence, P. R. and Lorsch, J. W. Differentiation and integration in complex organizations [J]. Administrative Science Quarterly, 1997, 12 (1): 1-47.

[56] Lee, F. M. Conflict management styles and emotional intelligence of faculty and staff at a selected colleges in Southern Taiwan [D]. unpublished doctorate dissertation, University of South Dacota, Vermillion, SD, 2003.

[57] Leong, C. H. and Ward, C. Identity conflict in sojourners [J]. International Journal of Intercultural Relations, 2000 (24): 763-76.

[58] Leung, K. , Ang, S. , Tan, M. L. Intercultural competence [J]. Annual Review of Organizational Psychology and Organizational Behavior, 2014 (1): 489-519.

[59] Little, R. , Rubin, D. B. Statistical analysis with missing data [M].

Hoboken, NJ: Wiley, 2002.

[60] Malhotra, N. K. Marketing research (4th ed.) [M]. Englewood Cliffs, NJ: Prentice Hall, 2004.

[61] McCrae, R. R., Costa, P. T. Validation of the five-factor model of personality across instruments and observers [J]. Journal of Personality and Social Psychology, 1987, 52 (1): 81-90.

[62] McDonald, R. P., Ho, M.-H. R. Principles and practice in reporting structural equation analyses [J]. Psychology Methods, 2002 (7): 64-82.

[63] Mendenhall, M. E., Jensen, R. J., Black, J. S., Gregersen, H. B. Seeing the elephant: Human resource management challenges in the age of globalization [J]. Organizational Dynamics, 2003, 32 (3): 261-273.

[64] Mercer. Mercer's 2011/2012 benefits survey for expatriates and globally mobile employees [EB/OL]. Retrieved 19 Dec. 2012, from http://www.mercer.com/press-releases.

[65] Meur, G. D., Rihoux, B., Yamasaki, S. L'analyse quali-quantitative comparée (AQQC-QCA): Approche, techniques et applications en sciences humaines [J]. Vtls Inc., 2002 (2).

[66] Meyer, A. D., Tsui, A. S., Hinings, C. R. Configurational approaches to organizational analysis [J]. Academy of Management Journal, 1993, 36 (6): 1175-1195.

[67] Miles, R. E., Snow, C. C., Meyer, A. D. Organizational strategy, structure, and process [M]. McGraw-Hill, 1978: 546-562.

[68] Misangyi, V. F., Acharya, A. G. Substitutes or complements? A configurational examination of corporate governance mechanisms [J]. Academy of Management Journal, 2013, 57 (6): 1681-1705.

[69] Misangyi, V. F., Greckhamer, T., Furnari, S. Embracing causal domplexity: The emergence of a neo-configurational perspective [J]. Journal of Man-

agement, 2017, 43 (1): 255-282.

[70] Molinsky, A., Davenport, T. H., Iyer, B., Davidson, C. Three skills every 21st-century manager needs [J]. Harvard Business Review, 2012, 90 (1/2): 139-143.

[71] Morgan, S. L. Redesigning social inquiry: Fuzzy sets and beyond by charles C. [M]. Ragin University of Chicago Press, 2008: 240.

[72] Nunnally, J. C., Bernstein, I. H.. Psychometric theory [M]. New York: McGraw-Hill, 1994.

[73] Osland, J., Mendenhall, M. E., and Osland, A., Developing global leadership capabilities and global mindset: A review.//Stahl G. and Bjorkman I. (Ed.). International Human Resources Handbook [M]. Elgar, London, 2006: 197-222.

[74] Parker, B., McEvoy, G. M. Initial examination of a model of intercultural adjustment [J]. International Journal of Intercultural Relations, 1993 (17): 355-379.

[75] Pelto, P. The difference between "tight" and "loose" societies [J]. Transaction, 1998, 5 (5): 37-40.

[76] Peugh JL, Enders CK. Missing data in educational research: A review of reporting practices and suggestions for improvement [J]. Review of educational research. 2004, 74 (4): 525-556.

[77] Pinkley, R. L. Dimensions of conflict frame: Disputant interpretations of conflict [J]. Journal of Applied Psychology, 1990 (75): 117-126.

[78] Porter, G., Tansky, J. W. Expatriate success may depend on a "learning orientation": Considerations for selection and training [J]. Human Resource Management, 1999, 38 (1): 14-60.

[79] Ragin, C. C., Rihoux, B. Qualitative comparative analysis (QCA): State of the art and prospects [A]. 2004.

[80] Ragin, C. C. The comparative method: Moving beyond qualitative and quantitative strategies [J]. Social Forces, 1987, 67 (3).

[81] Rahim A., Magner N. R. Confirmatory factor analysis of the styles of handling interpersonal conflict: First-order factor model and its invariance across groups [J]. Journal of Applied Psychology, 1995 (80): 122-132.

[82] Rihoux, B., Ragin, C. C. Configurational comparative methods: Qualitative comparative analysis (QCA) and related techniques [M]. Configurational Comparative Methods: Sage Publications, 2009.

[83] Robie, C., Ryan, A. M. Structural equivalence of a measure of cross-cultural adjustment [J]. Educational and Psychological Measurement, 1996, 56 (3): 514-519.

[84] Searle, W., Ward, C. The predication of psychological and sociocultural adjustment during cross-cultural transitions [J]. International Journal of Intercultural Relations, 1990 (14): 449-464.

[85] Selmer, J. Culture shock in China? Adjustment pattern of Western expatriate business managers [J]. International Business Review, 1999, 8 (5): 515-534.

[86] Selmer, J. Psychological barriers to adjustment and how they affect coping strategies: Western business expatriates in China [J]. International Journal of Human Resource Management, 2001, 12 (2): 151-165.

[87] Selmer, J. Adjustment of business expatriates in greater China: A strategic perspective [J]. International Journal of Human Resource Management, 2006a, 17 (12): 1994-2008.

[88] Selmer, J. Language ability and adjustment: Western expatriates in China [J]. Thunderbird International Business Review, 2006b, 48 (3): 347-368.

[89] Selmer, J. Which is easier? Adjusting to a similar or to a dissimilar culture: American business expatriates in Canada and Germany [J]. International

Journal of Cross-Cultural Management, 2007, 7 (2): 185-201.

[90] Selmer, J., Lauring, J. Marital status and work outcomes of self-initiated expatriates: Is there a moderating effect of gender? [J]. Cross Cultural Management, 2011, 18 (2): 198-213.

[91] Selmer, J., Randy, K. C., Oded, S. Cultural distance asymmetry in expatriate adjustment [J]. Cross Cultural Management, 2007, 14 (2): 150-160.

[92] Shenkar, O. Cultural distance revisited: Towards a more rigorous conceptualization and measurement of cultural differences [J]. Journal of International Business Studies, 2012, 43 (3): 1-11.

[93] Sondergaard, M. Hofstede's consequences: A study of reviews, citations and replications [J]. Organizational Studies, 1994 (15): 447-456.

[94] Stahelski, A. J., Payton, C. F. The effects of status cues on choices of social power and influences strategies [J]. The Journal of Social Psychology, 1995, 13 (5): 55-56.

[95] Sternberg, R. J. and Soriano, L. J. Styles of conflict resolution [J]. Journal of Personality and Social Psychology, 1989, 47 (1): 115-126.

[96] Stoyoff, S. Recent developments in language assessment and the case of four large-scale tests of ESOL ability [J]. Language Teaching, 2009 (42): 1-40.

[97] Tabachnick, B. G., Fidell, L. S. Using multivariate statistics (5th ed.) [M]. Boston, MA: Pearson, 2007.

[98] Tett, R. P., and Burnett, D. D. A personality trait-based interactionist model of job performance [J]. Journal of Applied Psychology, 2003, 88 (3): 500-517.

[99] Thomas, D. C. Domain and development of cultural intelligence: The importance of mindfulness [J]. Group and Organization Management, 2006 (13): 78-99.

[100] Thomas, D. C., Inkson, K. Cultural intelligence: People skills for global business [M]. San Francisco, CA: Berrett-Koehler, 2004.

[101] Ting-Toomey, S. Communicating across cultures [M]. New York: The Guilford Press, 1999.

[102] Tjosvold, D. Conflict management for justice, innovation, and strategic advantage in organizational relationships [J]. Journal of Applied Social Psychology, 2010, 40 (3): 636-665.

[103] Tjosvold, D. Defining conflict and making choices about its management [J]. International Journal of Conflict Management, 2006 (17): 87-95.

[104] Triandis, H. Culture and social behavior [M]. New York: McGraw Hill, 1994.

[105] Trompenaars, F., Hampden-Turner, C. Riding the waves of culture: Understanding cultural diversity in business [M]. London: Nicholas Brealey, 1997.

[106] Trubisky, P., Ting-Toomey, S. and Lin, S. L. The influence of individualism-collectivism and self-monitoring on conflict styles [J]. International Journal of Intercultural Relations, 1991, 15 (1): 65-84.

[107] Vaisey, S. QCA 3.0. The "Ragin Revolution" continues [J]. Contemporary Sociology, 2009, 38 (4): 308-312.

[108] Wall, D., Horak, T. The impact of changes in the TOEFL? Examination on teaching and learning in Central and Eastern Europe: Phase 4 [Z]. Measuring Change, 2009.

[109] Wall, V., and Nolan, L. Perceptions of inequity, satisfaction, and conflict in task-oriented groups [J]. Human Relations, 1986 (39): 1033-1152.

[110] Ward, C., Kennedy, A. The measurement of socio-cultural adaptation [J]. International Journal of Intercultural Relations, 1999, 23 (4): 659-677.

[111] Williams, M. E. Individual differences and cross-cultural adaptation:

A study of cultural intelligence, psychological adjustment, and sociocultural adjustment [M]. Cypress, CA: TUI University, 2008.

[112] Zhang, Y. Expatriate development for cross-cultural Adjustment: Effects of cultural distance and cultural intelligence [J]. Human Resource Development Review, 2013 (12): 177-199.

[113] Zhang, Y., Oczkowski, E. Exploring the potential effects of expatriate adjustment direction [J]. Cross Cultural & Strategic Management, 2016, 23 (1): 158-183.

[114] Zhang, Y., Wei, X., Zhou, W. An asymmetric cross-cultural perspective on the mediating role of conflict management styles in expatriation [J]. International Journal of Conflict Management, 2017, 28 (5): 592-616.

[115] 岑延远. 文化智力: 概念、结构与测量 [J]. 国外社会科学, 2013 (3): 48-53.

[116] 常婕. 企业国际化人力资源管理创新模式分析 [J]. 经济论坛, 2007 (6): 76-78.

[117] 陈慧, 车宏生, 朱敏. 跨文化适应影响因素研究述评 [J]. 心理科学进展, 2003, 11 (6): 704-710.

[118] 陈晓红, 赵可. 团队冲突、冲突管理与绩效关系的实证研究 [J]. 南开管理评论, 2010 (5).

[119] 程莹仪. 探析跨国企业外派人员管理 [D]. 同济大学, 2008.

[120] 付佳. 文化智力对文化适应及文化认同的作用机制研究 [D]. 上海交通大学, 2008.

[121] 顾颉. 团队成员责任心差异对团队绩效的影响: 竞争型冲突的中介作用 [D]. 上海交通大学, 2012.

[122] 顾卫平, 薛求知. 论跨国并购中的文化整合 [J]. 外国经济与管理, 2004, 26 (4): 2-7.

[123] 郭佳佳. 文化距离、文化认同对跨文化适应的影响 [D]. 浙江大

学，2013.

[124] 郭颖，蔡建峰．外派人员跨文化适应水平的评价问题研究——基于能力的视角［J］．未来与发展，2013（10）：70-74．

[125] 胡苏．基于事件的群体冲突分析及其预测［J］．中山大学研究生学刊，2006，27（4）：108-115．

[126] 黄文虎．跨文化适应的影响因素与结果变量研究［D］．华东师范大学，2011．

[127] 霍涌泉．当前文化与智力研究中的几个重要理论问题［J］．陕西师范大学学报（哲学社会科学版），2015，10（5）：115-122．

[128] 姜金栋．外派经历适应研究的理论构建［J］．云南师范大学学报，2014，（11）：65-69．

[129] 姜岩．中外企业文化的交流、冲突与协调——以中外合资企业文化建设为例［J］．管理科学，2000，13（2）：14-19．

[130] 蒋建武，赵曙明．战略性人力资源管理与组织绩效关系研究的新框架：理论整合的视角［J］．管理学报，2007（6）：779-782．

[131] 解淑青．跨国企业的跨文化冲突与策略研究［J］．经济理论与经济管理，2008（10）：77-80．

[132] 李宏，李宏艳．跨国企业对外派经理的管理战略［J］．北京工商大学学报（社会科学版），2005，20（6）：48-53．

[133] 李雪婷，顾新．产学研协同创新的文化冲突研究［J］．科学管理研究，2013（1）：5-8．

[134] 李彦亮．跨文化冲突与跨文化管理［J］．科学社会主义，2006（2）：70-73．

[135] 李宜菁，唐宁玉．外派人员跨文化胜任力回顾与模型构建［J］．管理学报，2010（6）：841-845．

[136] 林肇宏，张锐．中国跨国企业人力资源管理模式及实践研究——基于深圳5家高科技企业的案例分析［J］．宏观经济研究，2013（2）：

97-104.

[137] 刘曾雯. 浅谈劳务派遣用工存在的问题及对策 [J]. 市场论坛, 2015 (5).

[138] 刘军, 刘松博. 企业高层管理团队冲突管理方式: 理论及证据 [J]. 经济理论与经济管理, 2008 (2).

[139] 刘俊振. 外派人员跨文化适应成功的衡量: 一个多构面的概念模型 [J]. 技术与创新管理, 2010, 31 (2): 157-160.

[140] 刘俊振. 外派人员跨文化适应成功及其四构面评价 [J]. 珞珈管理评论, 2009 (1): 28-36.

[141] 刘宁, 赵梅. 团队内任务冲突与关系冲突的关系与协调 [J]. 科技管理研究, 2012 (5): 179-182.

[142] 刘兴亚, 李湘宁, 缪仕国等. 资产专用性、文化差异与外资进入模式选择——基于交易成本框架的分析 [J]. 金融研究, 2009 (3): 72-84.

[143] 马硕, 杨东涛, 陈礼林. 团队任务冲突与关系冲突转化机制——团队氛围的调节作用 [J]. 中国流通经济, 2011 (10): 102-106.

[144] 潘海波. 任务冲突和关系冲突对团队创造力影响的纵向研究 [D]. 哈尔滨工业大学, 2013.

[145] 商务部研究院《国际贸易》本书组对外直接投资概述调查问卷 [R]. 商务部研究院, 2006 (7): 50-56.

[146] 唐宁玉, 郑兴山, 张静抒等. 文化智力的构思和准则关联效度研究 [J]. 心理科学, 2010, 33 (2): 485-489.

[147] 田晖, 蒋辰春. 国家文化距离对中国对外贸易的影响——基于31个国家和地区贸易数据的引力模型分析 [J]. 国际贸易问题, 2012 (3): 45-52.

[148] 王丹. 国内外劳务派遣的现状及发展趋势探析 [J]. 经济研究导刊, 2011 (33): 187-188.

[149] 王慧. 海外派遣人员情绪智力、跨文化胜任力对粘滞知识学习效

果的影响研究［D］. 复旦大学，2013.

［150］王晶晶. 基于我国劳务派遣现状的新思考［J］. 辽宁行政学院学报，2014（9）.

［151］王玉梅，何燕珍. 跨国外派管理实践对外派人员跨文化适应的影响——基于中国企业的实证研究［J］. 经济管理，2014（5）：80-92.

［152］王泽宇，王国锋，井润田. 基于外派学者的文化智力、文化新颖性与跨文化适应研究［J］. 管理学报，2013，10（3）：384-389.

［153］王重鸣，姜金栋. 外派人员与组织的期望匹配模式对绩效的影响［J］. 应用心理学，2005（4）.

［154］吴丽萍. 劳务派遣的现状与发展［J］. 中国科技博览，2012（37）.

［155］肖芬，张建民. 外派人员跨文化适应研究述评及展望［J］. 英语广场：学术研究，2012（7）：114-118.

［156］谢晓梅. 国有化工企业中劳务派遣工的现状及需要注意的问题［J］. 现代工业经济和信息化，2014（9）.

［157］徐笑君. 权力距离、不确定性规避对跨国企业总部知识转移的调节效应研究［J］. 经济管理，2010（1）：61-68.

［158］阎大颖. 国际经验、文化距离与中国企业海外并购的经营绩效［J］. 经济评论，2009（1）：83-92.

［159］杨赫. 我国跨国企业员工的外派意愿与适应性关系研究［D］. 西南财经大学，2009.

［160］杨晓燕. 劳务派遣面临的问题与对策［J］. 科技与创新，2014（13）：74-76.

［161］杨振兵，张诚. 文化非正式制度是外资企业生产的催化剂吗？——来自中国省际工业部门的经验证据［J］. 上海财经大学学报（哲学社会科学版），2015，17（2）：54-63.

［162］尹忠明，袁泽波，付竹. 文化距离对跨国企业绩效的影响［J］. 当代经济研究，2013（2）：37-41.

[163] 于静静, 赵曙明, 蒋守芬. 基于雇佣关系视角的冲突管理行为对员工创造力的影响机制 [J]. 经济与管理研究, 2015, 36 (9): 137-144.

[164] 余赛文. 文化智力对跨文化适应的影响研究 [D]. 首都经济贸易大学, 2015.

[165] 俞会新, 张志勇, 李宁. 亚洲各国对外劳务输出政策的对比研究及启示 [J]. 广西广播电视大学学报, 2005 (4): 49-53.

[166] 张新平. 当代中国劳务派遣现状及对策分析 [J]. 东方企业文化, 2013 (6): 81-82.

[167] 赵曙明, 张捷. 中国企业跨国并购中的文化差异整合策略研究 [J]. 南京大学学报 (哲学·人文科学·社会科学), 2005, 42 (5): 32-41.

[168] 赵婷婷. 中国企业外派人员跨文化胜任力模型构建 [J]. 管理学报, 2010 (6): 841-845.

[169] 中国企业国际化报告 (2014) 蓝皮书 [EB/OL]. 中国国家贸易促进会, 国家投资争端解决去向, http://www.ccpit.org, 2015-08-18.

[170] 周燕华. 中国跨国企业员工外派适应与绩效研究 [J]. 技术经济与管理研究, 2012 (2): 64-67.